Andrea Erkert

Sprach-Förder-Spiele

CHRISTOPHORUS

 # Inhalt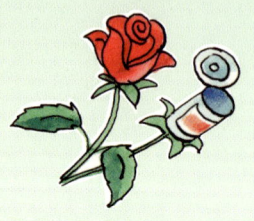

**Vorwort –
Sprachförderung tut allen Kindern gut** 8

Spannungen lösen
Atem- und Entspannungsspiele,
die stark machen 10

Sich blind vertrauen
Nonverbale Kommunikationsmittel 16

Mit allen Sinnen
Sehen – hören – riechen –
schmecken – fühlen 22

Wer eine Reise macht ...
Bewegungsspiele,
die zum Sprechen animieren 28

Das ist der Daumen
Lustige Fingerspiele.................... 34

Musik, Bewegung und Sprache
Spiele für die akustische Aufmerksamkeit
und Differenzierung 40

Kurze Verse
Sprache kreativ erleben 46

Bewährte Tipps
Mehr Raum für eine ganzheitliche
Spracherziehung 52

**Nachwort –
Was tun bei Sprachstörungen?** 56

**Bücher zum Weiterlesen und
nützliche Adressen** 58

Vorwort

Sprachförderung tut allen Kindern gut

Kinder sollen lernen, sich deutlich und verständlich auszudrücken. Sie sollten ihre Bedürfnisse äußern, Fragen stellen, ihre Erlebnisse mitteilen und in bestimmten Situationen Nein sagen können.

Im Gegensatz zu Erwachsenen können Kinder im Vorschulalter aufgrund ihrer Spontaneität und guten Lernfähigkeit noch besonders mühelos ihren Wortschatz aufbauen und erweitern. Das erklärt auch, warum Kinder, die zweisprachig erzogen werden, sich relativ rasch sowohl in der Muttersprache als auch in der Zweitsprache unterhalten können.

Weil also Sprache ein bedeutsames Kommunikationsmittel und somit nicht unerheblich für die Persönlichkeitsentwicklung ist, darf sich die Sprachförderung im Kindergarten oder in der Grundschule nicht allein auf irgendwelche Defizite im Sprachbereich beziehen. Vielmehr müssen alle Kinder von den sprachlichen Lern- und Erlebnismöglichkeiten profitieren, die ihnen viel Sicherheit, Orientierung und Selbstbewusstsein geben. Voraussetzung hierfür ist jedoch, dass sich die Sprachförderung im Kindergarten oder in der Grundschule auf den Alltag, die Fähigkeiten, die Erfahrungen und die Bedürfnisse der Kinder bezieht. Wenn man dies beachtet, dann wird mit großer Sicherheit auch die eine oder andere außerhalb von der Einrichtung bereits eingeleitete Fördermaßnahme für die Kinder, die beispielsweise stottern oder Schwächen beim Lesen- und Schreibenlernen aufweisen, erfolgreich unterstützt.

Neben den Erfahrungen aus erster Hand, die Kinder spielerisch in der freien Natur und in den Innenräumen machen können, bieten zudem angeleitete Angebote und Spiele unzählige Sprechanlässe. Neben Bilderbuchbetrachtungen, Rollenspielen, Kochtagen, Projekten und anderen Dingen werden in den Einrichtungen verstärkt auch solche Spiele eingesetzt, die die Kinder zum Sprechen motivieren.

Viele Spiele, bei denen Kinder mit ihrer Sprache experimentieren und die zum Sprechen herausfordern, werden hier im Folgenden vorgestellt. Für eine gezielte Förderung und einen raschen Einsatz werden die Spiele je nach ihrem Schwerpunkt in den nachfolgenden Kapiteln zusammengefasst. Auf einen Blick finden Sie sämtliche Wahrnehmungs-, Bewegungs- und Fingerspiele sowie rhythmische Spiele. Darüber hinaus gibt es auch Spiele, bei denen die Kinder zur Ruhe kommen, sich ohne Worte verständigen oder sich künstlerisch ausdrücken können. Im letzten Kapitel stehen bewährte Tipps und Anregungen zur Spracherziehung.

Damit jedoch alle Kinder gerne teilnehmen, steht bei den nachfolgenden Spiel- und Gestaltungsideen immer die Freude an der Sprache im Vordergrund. Spielerisch und beinahe wie von selbst wird auf diese Weise u. a. die Artikulation, die Aufmerksamkeit, die Geduld, die Wahrnehmungsfähigkeit, die Kommunikationsbereitschaft, das Durchhaltevermögen, die Konzentration, die Merkfähigkeit, das Vorstellungsvermögen, die Kreativität und das Wir-Gefühl sowie die Grob- und Feinmotorik gefördert. Dadurch, dass die Kinder aktiv und kreativ Sprache einsetzen und erleben, lernen sie sich selbst und andere besser kennen sowie durch Beobachten, Lauschen, Schmecken, Riechen und Fühlen die Dinge und Vorgehensweisen in ihrer Lebenswelt wahrzunehmen und zu benennen.

Damit Sie alle, ErzieherInnen, LehrerInnen, LogopädInnen und Eltern, jederzeit die Spiele einsetzen können, sind Altersangabe, Materialien, Gruppengröße und Spieldauer den einzelnen Spielen immer vorangestellt. Nun wünsche ich Ihnen viel Erfolg und viel Spaß mit den Sprach-Förder-Spielen!

Spannungen lösen
Atem- und Entspannungsspiele, die stark machen

Der schwere Einkaufskorb
Alter: ab 5 Jahren
Gruppengröße: ab 1 Kind, bis zu 12 Kinder
Spieldauer: etwa 2 Minuten

Die Kinder suchen sich einen Platz im Raum. Danach stellen sie sich etwas breitbeinig hin und gehen dabei leicht in die Hocke, sodass sie einen guten Stand haben. Danach tun die Kinder so, als ob sie einen direkt neben ihnen stehenden schweren Einkaufskorb vom Boden aufheben würden. Dazu ballen die Kinder eine Hand zu einer festen Faust. Haben die Kinder ihren Oberkörper wieder aufgerichtet, sollen sie 5-7 Sekunden lang bewusst das Spannungsgefühl im Unterarm, in der Hand und in den Fingern wahrnehmen. Danach sollen die Kinder ihren imaginären Einkaufskorb wieder behutsam auf den Boden absetzen und sich wieder in ihre Ausgangsposition begeben. Anschließend lösen sie ca. 30 Sekunden lang die Anspannung, indem sie ihre Finger locker wegstrecken. Dabei können die Kinder beim Ausatmen die folgenden Laute des hier vorgestellten Satzes so dehnen:
„Meine Hand ist lo…cker und entspa…nnt!"
Am Ende der Übung bewegen und strecken die Kinder ihre Arme nach Herzenslust.
Wurde das Spiel mit der anderen Hand und danach mit beiden Händen gleichzeitig wiederholt, können u. a. folgende Fragen miteinander besprochen werden:
„Wie war das Spannungsgefühl im Unterarm, in der Hand und in den Fingern?"
„Und wie fühlten sich der Unterarm, die Hand und die Finger beim Lockerlassen an?"
„Beschreibe die Unterschiede zwischen Anspannung und Entspannung!"
„Welche Körperteile kannst du noch anspannen und dann wieder locker lassen?"

Um bewusst den Wechsel zwischen Anspannung und Entspannung wahrzunehmen, brauchen Kinder eine möglichst störungsfreie und behagliche Umgebung, damit sie nicht abgelenkt werden und sich wohlfühlen können.

Sich „bärenstark" fühlen

Alter: ab 3 Jahren
Materialien: Triangel, pro Kind eine Decke oder Isomatte
Gruppengröße: ab 1 Kind, bis zu 12 Kinder
Spieldauer: etwa 2 Minuten

Alle Kinder legen sich auf eine Decke oder Isomatte und spielen einen schlafenden Bären.
Erst wenn die Spielleiterin die Triangel erklingen lässt, öffnen die Kinder ihre Augen und warten so lange geduldig ab, bis die Triangel zum zweiten Mal zu hören ist. In diesem Augenblick dürfen die Kinder langsam über die Seitenlage aufstehen. Stehen alle Kinder ganz ruhig auf ihrem Platz, erklingt die Triangel erneut. Indem die Kinder sich nun dehnen und strecken sowie dabei kräftig gähnen, wird die Atmung gefördert. Sind alle „Bären" wieder so richtig wach, sagen sie ganz laut: „Ich fühle mich bärenstark!"

Variation: Die Kinder gehen paarweise zusammen. Eines der Kinder spielt den schlafenden Bären und ein anderes eine Windbrise, die den Bären sanft weckt, indem sie behutsam auf die Stirn des schlafenden Bären pustet.

Schnee oder Sonne?

Alter: ab 5 Jahren
Materialien: jeweils 2 Watteflocken für 2 Kinder
Gruppengröße: ab 2 Kinder
Spieldauer: etwa 2 Minuten

Immer zwei Kinder spielen zusammen. Sie holen sich zwei Watteflocken und suchen sich einen Platz im Raum. Die Watteflocken stellen Schneeflocken dar.
Während sich nun das eine Kind jeweils eine Watteflocke auf jeweils eine Schulter legt, stellt sich sein Spielpartner in ein bis zwei Schritten Entfernung davor auf.
Können beide Kinder sich gegenseitig in die Augen blicken, warten sie auf die Anweisung der Spielleiterin, welche das Wetter ankündet. Sagt die Spielleiterin beispielsweise, dass es „schneit", dann soll das eine Kind versuchen, die beiden „Schneeflocken", die auf den Schultern des anderen Kindes liegen, nacheinander wegzupusten, sodass sie auf den Boden fallen. Dazu muss das Kind jetzt tief einatmen und möglichst doppelt so lange wieder ausatmen. Wenn die Spielleiterin „Sonne" sagt, bläst das erste Kind ganz leicht die einzelnen „Schneeflocken" nacheinander an, sodass sie auf den Schultern liegen bleiben. Dabei sollten sie keinesfalls auf die Erde schweben! Nach zwei bis drei Anweisungen werden die Rollen gewechselt.

Die sanfte Landung des Heißluftballons

Alter: ab 5 Jahren
Materialien: Handtrommel, pro Kind ein Gymnastikreifen
Gruppengröße: ab 1 Kind, bis zu 12 Kinder
Spieldauer: etwa 2 Minuten

Mit beiden Händen halten alle Kinder ihren Gymnastikreifen fest, sodass sie bequem in diesen steigen können. Indem die Kinder langsam ihren Gymnastikreifen über den Kopf führen, erleben sie ein immer stärker werdendes Spannungsgefühl in den Armen und Händen. Sind alle „Heißluftballons" bzw. Gymnastikreifen über den Köpfen der Kinder, beginnt die Reise. Dazu gehen die Kinder bis zu zehn Schritte im Raum umher. Danach bleibt jedes Kind wie versteinert auf seinem Platz stehen, um dann tief einzuatmen. Damit alle Kinder gleichzeitig ihren „Heißluftballon" zur Erde zurückbringen, lässt die Spielleiterin einen sanften Trommelschlag erklingen. Indem die Kinder dann mit einem lockeren und gleichmäßigen „Schsch..." möglichst doppelt so lange wieder ausatmen, wird der Gymnastikreifen in Richtung der beiden Oberschenkel geführt.
Anschließend legen alle Kinder ihren Gymnastikreifen auf den Boden.

Schmetterling, flieg!

Alter: ab 5 Jahren
Gruppengröße: ab 1 Kind, bis zu 12 Kinder
Spieldauer: etwa 2 Minuten

Sobald sich alle Kinder im Raum verteilt haben, stellen sie sich etwas breitbeinig hin. Dabei halten sie ihre Knie leicht gebeugt. In dieser Position schließen die Kinder ihre Augen und strecken ihre Arme senkrecht in die Luft. Indem sie nun tief einatmen, stellen sie sich vor, dass sie ein kleiner Schmetterling wären, der gerade seine ersten Flugerfahrungen macht. Um „losfliegen" zu können, müssen die Kinder zunächst ihre Arme wieder langsam senken. Indem die Kinder nun ihre Arme seitwärts zum Körper führen, atmen sie gleichmäßig aus. Dabei können sie die folgenden Wörter, welche mit dem Buchstaben „F" beginnen, bewusst so in die Länge ziehen: „Ich f...liege leicht f...ort von diesem Ort."
Anschließend öffnen die Kinder wieder ihre Augen und wiederholen den Vorgang.

> Entspannungsverfahren, die Assoziationshilfen beinhalten oder die bildgetragen sind, eignen sich bereits für Vor- und Grundschulkinder. Voraussetzung hierfür ist jedoch, dass alle Kinder die Instruktionen verstehen und kognitiv in der Lage sind, diesen zu folgen.

Pustebilder

Alter: ab 4 Jahren
Materialien: pro Kind eine kurze Schmuckfeder unterschiedlicher Farbe und 3 Kärtchen von einem Tier-Memory
Gruppengröße: ab 2 Kinder, bis zu 6 Kinder
Spieldauer: etwa 5 Minuten

Das Pustebilder-Spiel ist ein amüsantes Geschicklichkeitsspiel, das die Atembeherrschung, die Konzentration und Ausdauer sowie die Lippenmuskulatur trainiert.
Um das Spiel durchführen zu können, holen sich alle Kinder jeweils drei Kärtchen mit einem Tiermotiv, die sie verdeckt auf den Tisch legen. Danach nimmt sich jedes Kind eine Feder, wobei die Federn sich alle farblich voneinander unterscheiden. Sitzen alle Kinder um den Tisch herum, dann legt das jüngste Kind seine Feder direkt vor sich. Anschließend atmet das Kind kräftig ein, um dann beim Ausatmen die Feder so zu pusten, dass sie auf einem Kärtchen liegen bleibt. Dann dreht das Kind das Kärtchen um und macht das Tiergeräusch nach. Anschließend sucht sich das Kind ein neues verdecktes Kärtchen aus, zu dem es jetzt seine Feder pustet. Sollte die Feder jedoch ihr Ziel verfehlen, dann darf der rechte Nachbar des Kindes sein Glück versuchen. Das Spiel ist erst dann beendet, wenn die Motive von allen Kärtchen aufgedeckt sind.

Das Küken schlüpft aus dem Ei

Alter: ab 4 Jahren
Materialien: Klangschale, rohes Ei, Schüssel, pro Kind ein Gymnastikreifen
Gruppengröße: ab 1 Kind, bis zu 12 Kinder
Spieldauer: etwa 2 Minuten

Alle Kinder sitzen in ihren Gymnastikreifen und spielen die Küken, die demnächst aus dem Ei schlüpfen. Damit das alles gleichzeitig und nicht zu hastig geschieht, lässt die Spielleiterin die Klangschale erklingen. Erst wenn die sphärischen Klänge und Obertöne der Klangschale nicht mehr zu hören sind, tun die Kinder so, als ob sie sich mit aller Kraft gegen die harte Eierschale stemmen. Dazu stehen sie langsam auf, machen eine Faust und strecken ihre Arme über den Kopf aus. In dieser gespannten Haltung bleiben die Kinder so lange stehen, bis die Spielleiterin ein rohes Ei in eine Schüssel fallen lässt, sodass die Eierschale zerspringt. In diesem Augenblick atmen alle Kinder langsam ein und bedeutend länger wieder aus. Gleichzeitig dazu führen die Kinder über die Seite ihre Arme zum Oberkörper wieder zurück. Lautsprachlich können die Kinder zudem ihre gleichmäßige Ausatmung durch einen lockeren F- oder Sch-Laut unterstützen.

Eine entspannte Atmung ist die Grundvoraussetzung für eine gesunde, ausdrucksstarke Stimme und eine deutliche Sprechweise. Um das zu erreichen, helfen kindgerechte Atem- und Entspannungsübungen, bei denen die Kinder zur Ruhe kommen und dabei ungezwungen ihre Ein- und Ausatmung kräftigen.

Regen und Wind

Alter: ab 5 Jahren
Materialien: Regenstab, Triangel
Gruppengröße: ab 1 Kind, bis zu 12 Kinder
Spieldauer: etwa 1 Minute

Alle Kinder spielen bei dem folgenden Spiel den „Wind". Die Spielleiterin stellt den „Regen" dar. Sie hält Regenstab und Triangel in der Hand.
Dazu bilden die Kinder einen Kreis. Stehen alle Kinder ganz ruhig auf ihrem Platz, dann lässt die Spielleiterin, die in der Kreismitte steht, die Triangel erklingen. In diesem Moment atmen alle Kinder tief ein. Sehen die Kinder, wie die Spielleiterin langsam den Regenstab dreht, dann atmen sie langsam wieder aus. Der „Regen" und der „Wind" sind jedoch erst vorüber, wenn das beruhigende leise Geräusch des Regenstabs nicht mehr zu hören ist.

Den Ball in den Eimer pusten

Alter: ab 5 Jahren
Materialien: Tisch, Eimer, kleiner Schaumstoffball
Gruppengröße: ab 1 Kind, bis zu 12 Kinder
Spieldauer: etwa 2 Minuten

Immer zwei Kinder holen sich einen Eimer, den sie direkt neben einen Tisch stellen. Indem nun ein Kind sich vor den Eimer stellt und auf diesen deutet, holt das andere Kind einen kleinen Schaumstoffball. Damit das Kind seinen Schaumstoffball in den Eimer pusten kann, geht es zum anderen Ende der Tischplatte, sodass es dem Partnerkind gegenübersteht. Danach muss das Kind durch „vorsichtiges" Blasen seinen Schaumstoffball so lange über die Tischplatte bewegen, bis dieser in den bereitgestellten Eimer fällt. Liegt der Schaumstoffball im Eimer, wechseln die beiden Kinder ihre Plätze.

Streichzarte Butter

Alter: ab 4 Jahren
Materialien: Triangel, pro Kind eine Decke oder Isomatte
Gruppengröße: ab 1 Kind, bis zu 12 Kinder
Spieldauer: etwa 2 Minuten

Alle Kinder tun so, als ob sie eine harte Butter wären, welche an einem sonnigen Tag aus einer Kühltruhe geholt und auf einer Decke platziert wird.
Indem die Kinder sich auf ihre Decke stellen und dabei ihre Arme und Beine anspannen, spielen sie die frisch aus dem kalten Kühlschrank entnommene Butter, die allmählich in der warmen, wohltuenden Sonne schmilzt. Um diesen Prozess einzuläuten, schlägt die Spielleiterin kurz auf ihre Triangel. Hören die Kinder den Klang, dann müssen sie zunächst tief einatmen. Indem sie nun ausatmen, können sie den folgenden Satz so aussprechen: „Ich werde ganz lo...cker und entspa...nnt!"
Während die Kinder den Satz sagen, werden sie immer lockerer und gelöster, bis sie schließlich ganz bequem auf ihrer weichen Decke liegen.

Das Regenstab-Sprudelspiel

Alter: ab 5 Jahren
Materialien: für zwei bis vier Kinder jeweils eine große Schüssel mit Wasser, pro Kind ein Strohhalm, für die Spielleiterin ein Regenstab, ein Instrument, das von vielen Naturvölkern zum Regen heraufbeschwören benutzt wird
Gruppengröße: ab 1 Kind, bis zu 12 Kinder
Spieldauer: etwa 5 Minuten

Immer zwei bis vier Kinder bilden eine Gruppe und setzen sich um eine mit Wasser gefüllte Schüssel, die auf dem Boden steht und eine Wasserquelle darstellt. Die Spielleiterin gibt jedem Kind einen Strohhalm. Sobald alle Kinder einen Strohhalm in der Hand haben, holt sich die Spielleiterin einen Regenstab, um den Regen zu spielen. Sie dreht den Stab herum, sodass die kleinen Kieselsteine durch das Dornen-Labyrinth rieseln. Alle Kinder sollen reagieren und parallel dazu das Sprudeln der Wasserquelle darstellen. Dazu atmen alle Kinder kräftig ein, um dann die Luft durch ihren Strohhalm, dessen eine Spitze sie in das Wasser halten, möglichst doppelt so lange auszupusten. Auf diese Weise hören die Kinder einerseits den friedlichen Klang des Regenstabs und stellen andererseits das Sprudeln der Wasserquelle dar. Dabei wird ihre Atemtechnik verbessert.

Das Feder-Begegnungsspiel

Alter: ab 4 Jahren
Materialien: pro Kind eine Feder
Gruppengröße: ab 2 Kinder
Spieldauer: etwa 3 Minuten

Das Feder-Begegnungsspiel ist ein lustiges Pustespiel, das die Atemtechnik verbessert. Dazu gehen immer zwei Kinder zusammen und holen sich zwei Federn. Danach setzen sich die beiden Kinder an einem Tisch gegenüber, sodass sie zueinander einen guten Blickkontakt herstellen können. Anschließend legt jedes Kind seine Feder direkt vor sich auf die Tischplatte. Nun warten die Kinder geduldig ab, bis die Spielleiterin die Triangel erklingen lässt. Denn erst dann versuchen die Kinder, ihre Feder so lange anzupusten, bis diese die Feder des Spielpartners berührt. Danach ist das Spiel beendet.

Kugel-Pusten

Alter: ab 5 Jahren
Material: eine kleine Kugel aus Styropor und zwei Strohhalme für jeweils 2 Kinder
Gruppengröße: ab zwei Kinder
Spieldauer: etwa 5 Minuten

Das Kugel-Pustenspiel macht nicht nur Riesenspaß, sondern trägt auch auf eine spielerische Art u. a. zu einer Verbesserung der Atembeherrschung bei.
Zu Beginn holen sich immer zwei Kinder eine kleine Kugel aus Styropor und zwei Strohhalme. Danach stellen sich die Kinder an einem Tisch gegenüber, sodass sie sich gut in die Augen blicken können. Dann beginnt eines der beiden Kinder das Spiel, indem es die Kugel direkt vor sich auf dem Tisch platziert. Um jetzt die Kugel in Richtung des anderen Kindes zu pusten, atmet das Kind tief ein.
Anschließend pustet das Kind durch seinen Strohhalm möglichst doppelt so lange aus, sodass die Kugel über den Tisch zu dem anderen Kind gelangt. Damit die Kugel am anderen Ende der Tischplatte nicht auf den Boden fallen kann, muss jetzt dieses Kind versuchen, die Kugel mit seinen Händen aufzufangen. Sollte dies gelingen, werden die Rollen gewechselt.

Sich blind vertrauen
Nonverbale Kommunikationsmittel

Bist du das kleine Gespenst?
Alter: ab 4 Jahren
Gruppengröße: ab 12 Kinder
Spieldauer: etwa 3 Minuten

Während alle Kinder im Kreis mit geschlossenen Augen stehen, geht die Spielleiterin möglichst geräuschlos so lange im Kreis herum, bis sie irgendein Kind antippt, welches in der folgenden Spielrunde das kleine Gespenst darstellen darf.

Um das Spiel zu beginnen, öffnen alle Kinder wieder ihre Augen. Während alle Kinder ihre Hände hinter dem Rücken halten, ruft die Spielleiterin ein beliebiges Kind mit Namen auf, welches zugleich in die Kreismitte treten und auf die Frage der Gruppe, ob es das kleine Gespenst sei, entweder mit einem einfachen Kopfschütteln oder Nicken antworten muss. Ist das Letztere der Fall, müssen alle Kinder im Kreis sofort reagieren und von ihrem Platz aus sich gegenseitig die Hände geben, sodass ein geschlossener Kreis entsteht. Gelingt es dem „kleinen Gespenst", aus dem Kreis zu laufen und dabei ein anderes Kind zu berühren, dann muss dieses in die Mitte treten und das „kleine Gespenst" spielen.

Nonverbaler Smalltalk
Alter: ab 6 Jahren
Gruppengröße: ab 5 Kinder
Spieldauer: etwa 8 Minuten

Sicherlich hat jeder schon einmal zwei Personen aus der Ferne beobachtet, die sich angeregt unterhalten. Obwohl man selbst kein Wort versteht, kann man dennoch die nonverbalen Botschaften sehen und deuten.

Dies können auch die Kinder ausprobieren, indem immer zwei Kinder in einem großzügig gestellten Stuhlkreis miteinander ganz leise reden, sodass alle übrigen Kinder lediglich ihre Körpersprache wahrnehmen können. Während diese Kinder nun stillschweigend auf ihren Plätzen sitzen, versuchen sie die Bewegungsabläufe, Gesichtsausdrücke und das Distanzverhalten der beiden Kinder zu beobachten und einzuschätzen. Ist der Smalltalk beendet, dürfen die Kinder nacheinander ihre Eindrücke schildern, die von den beiden Kindern im Kreis entweder bestätigt oder abgelehnt werden.

Wer grüßt so?

Alter: ab 5 Jahren
Gruppengröße: ab 4 Kinder
Spieldauer: 8 Minuten oder mehr

Grußformen können sehr unterschiedlich ausfallen. So sieht man bei Westeuropäern häufig, dass sie sich durch Händeschütteln begrüßen. Ostasiaten hingegen neigen eher zu einer steifen Verbeugung und Lateinamerikaner bevorzugen eine herzliche Umarmung.
In diesem Zusammenhang sollen die Kinder, die im Kreis stehen, auch eine typische Grußform aus ihrem Heimatland vorstellen oder von ihren Beobachtungen im In- und Ausland berichten. Können die Kinder die Grußformen unterscheiden, dann dürfen immer ein bis zwei Kinder in die Kreismitte treten und dabei eine Grußform vorstellen, welche die Gruppe erkennen und benennen muss.

> Vor allem Wissen und eine gute Beobachtungsgabe sind für die richtige Interpretation von nonverbalen Botschaften entscheidend. Allerdings sollte man es bei Unsicherheiten nicht versäumen, eine zweite Person zu Rate zu ziehen oder gar die betreffende Person selbst nach ihren Gefühlen und Gedanken zu befragen.

Sich nonverbal einigen

Alter: ab 5 Jahren
Materialien: Apfel, Birne, Zwetschge oder Banane
Gruppengröße: ab 2 Kinder
Spieldauer: etwa 3 Minuten

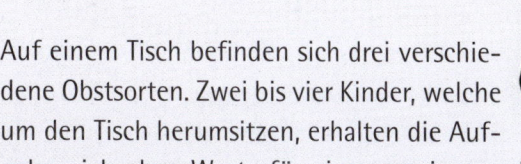

Auf einem Tisch befinden sich drei verschiedene Obstsorten. Zwei bis vier Kinder, welche um den Tisch herumsitzen, erhalten die Aufgabe, sich ohne Worte für eine gemeinsame Frucht zu entscheiden. Um die Aufgabe zu lösen, müssen die Kinder ganz bewusst ihre Körpersprache einsetzen. Konnten sich die Kinder untereinander einigen, dann können u. a. folgende Fragen geklärt werden:
„Welche Dinge wie Mimik und Gestik, Arm- und Handbewegungen wurden bewusst eingesetzt und waren besonders gut zu verstehen?"
„Was können Blicke verraten?"
„War es einfach oder schwer, sich ohne Worte zu verstehen?"
„Und wie unterhalten sich eigentlich Gehörlose?"

Variation:
Wortlos sollen die Kinder gemeinsam ein Bild malen.

Weine nicht, kleiner Wicht!
Alter: ab 4 Jahren
Materialien: ein Taschentuch
Gruppengröße: ab 5 Kinder
Spieldauer: etwa 3 Minuten

Alle Kinder stehen im Kreis. Indem ein Kind ein Taschentuch in der Hand hält und dabei die Augen schließt, blinzelt der Spielleiter einem weiteren Kind zu, welches als Einziges eine traurige Gefühlsäußerung pantomimisch darstellen darf. Ist diese Aufgabe vergeben, wird das Kind gebeten, seine Augen zu öffnen, um die momentane Stimmung der einzelnen Kinder einzuschätzen.

Dazu geht das Kind im Kreis herum und schaut die einzelnen Kinder an, die alle irgendein Gefühl, wie Freude, Angst und Wut, pantomimisch darstellen. Glaubt das Kind, das traurige Kind zu erkennen, dann muss es ihm das Taschentuch überreichen und dabei Folgendes sagen: „Weine nicht, kleiner Wicht!" Wenn das Kind sich für das Taschentuch bedankt, ist der „kleine Wicht" entlarvt, sodass das Spiel erneut beginnt.

Die Blinzel-Schlange
Alter: ab 4 Jahren
Gruppengröße: ab 12 Kinder
Spieldauer: etwa 2 Minuten

Alle Kinder sitzen im Kreis und bestimmen ein Kind, welches in die Mitte treten und dabei den „Schlangenkopf" spielen darf. Nun geht das Kind möglichst leise so lange im Kreis herum, bis es ein beliebiges Kind anblinzelt, das zugleich als „Hinterteil der Schlange" hinter ihm hergeht. Auf diese Weise sucht sich das vorderste Kind bis zu fünf weitere Kinder aus, sodass die Schlange immer größer wird. Indem die Kinder hintereinander hergehen, warten sie gespannt, bis das vorderste Kind ein leises „Zzz..." von sich gibt. Hören die Kinder das „Zischeln der Schlange", dann müssen sie blitzschnell zu irgendeinem im Kreis sitzenden Kind laufen, um dieses zu umarmen. Danach darf das Kind, welches als Erstes von einem herbeigelaufenen Kind umarmt wurde, das Spiel wiederholen und „Schlangenkopf" sein.

Achte auf das Taschentuch
Alter: ab 3 Jahren
Materialien: Taschentuch
Gruppengröße: ab 3 Kinder
Spieldauer: etwa 1 Minute

In einem großzügig gebildeten Stehkreis steht ein Kind und hält ein Taschentuch in der Hand. Langsam gehen die Kinder im Kreis herum und warten ab, bis das Kind das Taschentuch auf den Boden fallen lässt. Denn jetzt müssen die Kinder so rasch wie möglich zu einer Wand laufen. Gelingt es dem Kind in der Mitte, eines der Kinder von diesem Vorhaben abzuhalten bzw. zu fangen, dann werden die Rollen gewechselt und eine neue Spielrunde beginnt.

Zeige mir die Richtung!
Alter: ab 4 Jahren
Materialien: Turnbank
Gruppengröße: ab 4 Kinder
Spieldauer: etwa 2 Minuten

Bis auf ein Kind suchen sich alle Kinder einen Platz im Raum und warten gespannt auf die Anweisung des einen Kindes, die folgendermaßen aussehen kann:

Auf die Turnbank deuten =
Kinder steigen auf die Turnbank

Auf den Boden zeigen =
Kinder legen sich auf den Boden

Auf die Wand deuten =
Kinder laufen zur Wand

Sich selbst umarmen =
Jeweils zwei Kinder müssen sich gegenseitig umarmen

Ist allen Kindern die Bedeutung der einzelnen Zeichen klar, dann müssen sie blitzschnell reagieren, wenn sie die Anweisung des Kindes sehen. Danach darf das Kind, welches am schnellsten reagieren konnte, eine neue Anweisung geben.

Das Zahlen-Suchspiel
Alter: ab 4 Jahren
Materialien: Kärtchen mit Bildmotiven, die den Bildmotiven entsprechenden Gegenstände sollten in der Einrichtung vorhanden sein
Gruppengröße: ab 4 Kinder
Spieldauer: etwa 3 Minuten

Beherrschen die Kinder die Zahlen von 1 bis 10, dann kann das folgende Spiel durchgeführt werden.
Ein Kind stellt sich in die Kreismitte. Die anderen Kinder stehen im Kreis. Das Kind in der Kreismitte zeigt der Gruppe ein Kärtchen, auf dem beispielsweise ein Löffel abgebildet ist. Dazu deutet es beispielsweise mit den Fingern eine bestimmte Zahl wie 4 an. Jetzt laufen die anderen Kinder los, um 4 Löffel zu suchen. Danach darf das Kind, welches am schnellsten die Aufgabe richtig erfüllen konnte, der Gruppe ein neues Bildmotiv zeigen.

Variation: Alle Kinder stehen im Kreis. Die Spielleiterin legt einen Legostein in die Mitte und deutet mit den Fingern eine Zahl an. Alle Kinder laufen los und räumen eine bestimmte Anzahl Legosteine in die Kiste.

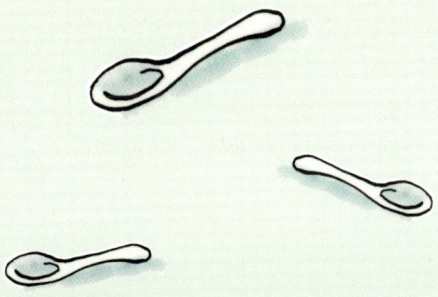

Haben die Kinder u. a. erkannt, dass beispielsweise ein hängender Kopf, zitternde Unterlippen und gebeugte Schultern sichtbare Zeichen für Niedergeschlagenheit und Traurigkeit sind, dann darf immer ein Kind in die Kreismitte treten und irgendein Gefühl laut benennen. Dabei kann das Kind das genannte oder aber ein ganz anderes Gefühl pantomimisch vorstellen. Indem die übrigen Kinder die Körperhaltung und den Gesichtsausdruck imitieren, sollen sie nachempfinden, wie sie sich dabei fühlen. Dabei sollen sie auch entscheiden, ob das genannte Gefühl zu der dargestellten Mimik, Gestik und Körperhaltung passt oder nicht.

Ich bin glücklich!

Alter: ab 5 Jahren
Materialien: Spiegel
Gruppengröße: ab 3 Kinder
Spieldauer: etwa 4 Minuten

Die Kinder stellen sich vor einen großen Spiegel und stellen nacheinander verschiedene Gefühlsäußerungen dar, indem sie dabei beispielsweise Folgendes sagen: „So sehe ich aus, wenn ich ...
- fröhlich,
- schlecht gelaunt,
- wütend,
- müde,
- eifersüchtig,
- stolz,
- enttäuscht bin."

> Im täglichen Miteinander ist man nicht nur Zuhörer, sondern auch Zuschauer. So können einige gut zu beobachtende Elemente der Körpersprache wie Mimik, Gestik und Haltung signalisieren, ob es der betreffenden Person gut geht oder nicht. Außerdem können körpersprachliche Botschaften verraten, ob die gesagten Worte auch tatsächlich so gemeint sind.

Den Zauberer finden

Alter: ab 5 Jahren
Materialien: ein farbiges, nicht zu großes Tuch
Gruppengröße: ab 7 Kinder
Spieldauer: etwa 3 Minuten

Alle Kinder sitzen im Stuhlkreis und bestimmen ein beliebiges Kind, das vor die Türe gehen und in der folgenden Spielrunde den Zauberer suchen darf. Während nun das Kind vor der Türe wartet, bestimmt die Gruppe ein weiteres Kind, welches den Zauberer spielt. Sobald der „Zauberer" ein farbiges Tuch unter seinem Pullover versteckt hat, wird noch ein Kind ausgewählt, das dem Kind auf der Suche nach dem Zauberer vielleicht gleich behilflich sein darf. Sind die Rollen verteilt, bittet die Spielleiterin das Kind wieder herein. Steht das Kind in der Stuhlkreismitte, dann zeigt es auf irgendein Kind, von dem es glaubt, dass es der Zauberer ist. Anschließend wartet es gespannt, ob es das Tuch unter seinem Pullover hervorholt oder nicht. Ist das Letztere der Fall, dann gibt das Kind, welches jetzt behilflich sein darf, einen kleinen pantomimischen Tipp, indem es beispielsweise auf seine eigene Brille deutet. Nun weiß das Kind, dass der gesuchte Zauberer ebenfalls Brillenträger ist, sodass die Suche nach dem Zauberer wesentlich einfacher wird!

> **Mittels der Körpersprache ist bereits der Säugling in der Lage, sich mitzuteilen und auf seine Bedürfnisse aufmerksam zu machen. Aber auch Eltern können dem Kind gegenüber beispielsweise ihre Liebe und Anerkennung sowie ihren Tadel und Ärger zum Ausdruck bringen, indem sie die nonverbale Kommunikation einsetzen. Auf diese Weise wird nicht zuletzt die Eltern-Kind-Beziehung gestärkt.**

Auf sich aufmerksam machen

Alter: ab 4 Jahren
Materialien: Handtrommel
Gruppengröße: ab 5 Kinder
Spieldauer: 3 Minuten oder mehr

Alle Kinder bis auf eines sitzen im Stuhlkreis. Während die Spielleiterin die Trommel betätigt, geht ein Kind so lange im Stuhlkreis herum, bis die Trommel auf einmal verstummt. Dann bleibt das Kind stehen und schaut sich im Stuhlkreis um. Ohne seinen Standort zu verlassen, versucht jetzt das Kind beispielsweise durch Zublinzeln, Zunicken oder Zuwinken die Aufmerksamkeit eines bestimmten Kindes auf sich zu lenken. Erkennt das ausgewählte Kind, dass es gemeint ist, dann geht es ebenfalls in die Kreismitte. Erklingt die Trommel erneut, geht das erste Kind hinter dem zweiten Kind so lange her, bis das Trommelspiel plötzlich wieder aussetzt. Jetzt sucht sich das vorderste Kind in der Reihe ebenfalls ein Kind aus der Runde aus, welches auf sein Zeichen hin in die Stuhlkreismitte treten darf.
Erst wenn alle Kinder sich in der Kreismitte befinden, ist das Spiel beendet.

Mit allen Sinnen
Sehen – hören – riechen – schmecken – fühlen

Blumenkärtchen aufdecken, dann darf es laut „Ha... tschi!" rufen und ein weiteres Kärtchen aufdecken. Auf diese Weise wird das Spiel so lange weitergeführt, bis alle Kärtchen aufgedeckt sind.

Den Sch-Laut erkennen
Alter: ab 6 Jahren
Materialien: verschiedene Lebensmittel zum Kosten, Teller
Gruppengröße: ab 1 Kind
Spieldauer: etwa 2 Minuten

Das Ha...tschi-Spiel
Alter: ab 3 Jahren
Materialien: 18 Tierkärtchen und 6 Blumenkärtchen
Gruppengröße: ab 2 Kinder
Spieldauer: 5 Minuten oder mehr

Ähnlich wie beim klassischen Memory werden alle Bildkärtchen verdeckt auf einem Tisch ausgebreitet. Dann drehen die Kinder nacheinander jeweils ein Kärtchen um. Sieht das Kind, das gerade an der Reihe ist, ein Tierbild, dann muss es das entsprechende Tier mit Namen benennen können. Kennt das Kind das Tier nicht, werden alle Kärtchen wieder umgedreht, sodass das Spiel erneut beginnt. Sollte jedoch das Kind ein

Auf einen Teller werden vier verschiedene Lebensmittel, wie eine Zwetschge, ein Stück Schokolade, ein Stück Käse, ein Apfel oder eine Birne, gelegt. Anschließend wird ein Kind bestimmt, welches mit geschlossenen Augen etwas von den Köstlichkeiten probieren darf. Dabei muss das betreffende Kind nicht nur das, was es sich gerade auf der Zunge zergehen lässt, benennen, sondern auch sagen, ob das genannte Wort einen Sch-Laut enthält oder nicht. Gelingt es dem Kind, die Aufgabe zu lösen, kommt ein anderes Kind an die Reihe.

Das Oberbegriff-Erkennungsspiel

Alter: ab 5 Jahren
Materialien: verschiedene Gegenstände
Gruppengröße: ab 2 Kinder
Spieldauer: etwa 1 Minute

Während die Kinder im Kreis sitzen, nennt die Spielleiterin einen Oberbegriff, wie beispielsweise „Spielzeug". Danach werden verschiedene Dinge, wie ein Löffel, ein Ball und eine Mütze, gezeigt. Sobald jedoch ein Gegenstand auftaucht, der zu diesem Oberbegriff gehört, müssen die Kinder sofort reagieren und die Hand heben. Anschließend darf das Kind, welches als Erstes die Aufgabe erfüllen konnte, das Spiel mit einem neuen Oberbegriff fortsetzen.

Weitere Vorschläge:

Geschirr	–	Tasse, Teller, Kaffeekanne
Kleider	–	Mütze, Jacke, Stiefel
Obst	–	Apfel, Birne, Banane
Nähzeug	–	Schere, Faden, Nadel
Farben	–	Rot, Blau, Gelb etc.

Hör mal, wie die Biene summt!

Alter: ab 5 Jahren
Gruppengröße: ab 6 Kinder
Spieldauer: etwa 2 Minuten

Um eine summende Biene zu spielen, eignen sich am besten die stimmhaften Laute „S" oder „M".
Hat sich ein bestimmtes Kind für einen der beiden Laute entschieden, schließen alle anderen Kinder, die auf dem Boden in der Stuhlkreismitte sitzen, ihre Augen. Dann lauscht die Gruppe, wie das Kind, das die Biene spielt, unaufhörlich summt und dabei im Kreis herumgeht. Sobald jedoch die „Biene" sich auf eine „Blüte", also einen Stuhl, setzt, müssen alle Kinder sofort reagieren und mit geschlossenen Augen auf den Stuhl deuten. Zur Kontrolle werden die Augen geöffnet. Danach wählt das „Bienenkind" ein neues Kind aus, welches das Spiel erneut beginnt.

Wo sind die Reimwörter?

Alter: ab 5 Jahren
Gruppengröße: ab 7 Kinder
Spieldauer: etwa 2 Minuten

Während ein Kind vor der Türe wartet, nennt die Spielleiterin ein beliebiges Wort, wie beispielsweise „Sand". Die Kinder, welche im Kreis stehen, müssen zu dem genannten Wort drei Reimwörter finden. Dann erst bittet die Spielleiterin das Kind vor der Türe wieder herein, welches daraufhin sich in die Kreismitte stellt und die Augen schließt. Während nun die Spielleiterin das Ausgangswort noch einmal laut sagt, blinzelt sie irgendeinem Kind zu, das entweder mit einem Reimwort oder irgendeinem anderen Wort antwortet. Glaubt jedoch das Kind in der Mitte ein Reimwort wie „Hand" zu hören, dann muss es blind in die Richtung des betreffenden Kindes deuten. Auf diese Art müssen auch die anderen Reimwörter, wie beispielsweise „Land" und „Wand", gefunden werden, welche nicht immer einen Sinn ergeben.

Weitere Vorschläge:

Hose	– Dose, Rose, Lose
Haus	– Maus, raus, Laus
Mauer	– Bauer, sauer, Trauer
Hund	– Mund, rund, wund
reimen	– schleimen, leimen, keimen etc.

Reimwörter ertasten

Alter: ab 5 Jahren
Materialien: 12 Formen aus Pappe
Gruppengröße: ab 1 Kind
Spieldauer: 5 Minuten oder mehr

Wie bei dem bekannten Gesellschaftsspiel (nicht Fangspiel!) „Blinde Kuh" werden für dieses Spiel verschiedene Formen zum Tasten benötigt, welche die Kinder problemlos selbst herstellen können. Bevor jedoch die Kinder die Umrisse von verschiedenen Dingen auf eine Pappe zeichnen und danach ausschneiden, sollen sie bedenken, dass im Gegensatz zum ursprünglichen Spiel sich jetzt immer zwei Wörter reimen müssen.

Sind die Formen auf einem Tisch ausgebreitet, beginnt ein Kind die Augen zu schließen und irgendeine Form in die Hand zu nehmen, die es dann mit viel Fingerspitzengefühl ertasten und benennen muss. Bestätigt die Gruppe die Aussage des Kindes, dann darf es so lange weitertasten, bis es beispielsweise zur Form „Haus" das entsprechende Reimwort bzw. die dazugehörige Form „Maus" findet.

Weitere Vorschläge:

Rose – Dose
Bein – Stein
Lamm – Kamm
Kuh – Schuh
Nase – Hase

Ein Wort zu hören und drauflosreimen, ohne dabei großartig über die Bedeutung des Gereimten nachzudenken, ist bereits für jüngere Kinder mit viel Freude verbunden. Aus diesem Grund sollten Kinder von klein auf mit Reimen vertraut gemacht werden, welche im Übrigen die Fantasie wecken, die Aufmerksamkeit fördern und dazu anregen, die Lautstruktur der Sprache zu berücksichtigen.

Gerüche erkennen und Gegenständen zuordnen

Alter: ab 6 Jahren
Materialien: verschiedene Fruchtsäfte, Gläser und Gegenstände
Gruppengröße: ab 1 Kind
Spieldauer: etwa 2 Minuten

Auf einem Tisch stehen vier Gläser, in denen sich jeweils ein bestimmter Fruchtsaft, wie beispielsweise Apfel-, Birnen-, Kirsch- und Zitronensaft, befindet. Zudem sind auf dem Tisch unterschiedliche Gegenstände, die mit dem gleichen Buchstaben wie die Säfte beginnen, platziert. Wenn ein Kind die Gegenstände genau betrachtet und zum Riechen ein Glas mit Fruchtsaft erhält, beginnt das Spiel.
Mit geschlossenen Augen soll nun das Kind zunächst den Fruchtsaft am Geruch erkennen. Glaubt das Kind beispielsweise einen Apfelsaft zu riechen, dann teilt es laut seine Vermutung mit. Bestätigt sich die Aussage beim Probieren des Getränks, öffnet das Kind seine Augen, um den Gegenstand mit dem gleichen Anlaut, wie beispielsweise „Armbanduhr", auszuwählen und zu benennen. Danach darf ein weiteres Kind das Spiel mit einem anderen Getränk fortführen.

Aus welcher Frucht stammt der Saft?

Alter: ab 5 Jahren
Materialien: Trinkgläser, Säfte
Gruppengröße: ab 2 Kinder
Spieldauer: etwa 3 Minuten

Für dieses Spiel werden leere Trinkgläser und Fruchtsäfte wie Apfel-, Orangen-, Kirsch- und Bananensaft benötigt. Indem zwei Kinder nacheinander der Spielleiterin den Namen eines beliebigen Fruchtsafts ins Ohr flüstern, beginnt das Spiel.
Die beiden Kinder stellen sich nun Rücken an Rücken. Anschließend überreicht die Spielleiterin jedem Kind den gewünschten Fruchtsaft, an dem es sofort riecht. Dabei versuchen die Kinder, sich gegenseitig den Geruch ihres Saftes zu beschreiben. Glauben die Kinder, das gleiche Getränk zu haben, sagen sie laut „Ja!". Wenn nicht, dann rufen sie „Nein!". Zur Kontrolle können die Kinder aus beiden Gläsern einen kräftigen Schluck trinken.

Spiele, bei denen Kinder versuchen, das auszusprechen, was sie mit ihren Sinnen wahrnehmen, dienen der Begriffsbildung und der Verständigung sowie der Wortschatzerweiterung. Indem alle Sinne „Nahrung" erhalten, werden die Kinder auch Gegensatzpaare wie weich-hart, rau-glatt, groß-klein, warm-kalt usw. verinnerlichen, unterscheiden und den Dingen zuordnen können.

Das Anlaut-Obst-Ratespiel

Alter: ab 6 Jahren
Materialien: verschiedene Obstsorten zum Probieren, Teller
Gruppengröße: ab 1 Kind
Spieldauer: etwa 2 Minuten

Alle Kinder sitzen im Stuhlkreis. Auf einem Teller in der Kreismitte liegen vier bis fünf verschiedene Obststückchen, welche die Kinder aufmerksam betrachten. Danach wählt die Spielleiterin ein Kind aus, das seine Augen schließen darf. Nun erhält das Kind von der Spielleiterin beispielsweise ein Stück Apfel zum Probieren. Dabei nennt die Spielleiterin den Anfangslaut von einer Obstsorte, die sich entweder auf dem Teller oder im Mund des Kindes befindet. Alle nennen den Namen der Obstsorte. Dann muss das Kind sagen, ob es sich hierbei um die soeben gekostete Obstsorte handelt oder nicht. Wird die Vermutung von der Spielleiterin bestätigt, dann darf das Kind für die nächste Spielrunde ein weiteres Kind bestimmen.

Sollen einzelne Laute wahrgenommen und benannt werden, müssen diese deutlich artikuliert werden. Weil jedoch manche Laute nur durch die Mundstellung eindeutig zu erkennen sind, muss die Spielleiterin stets einen guten Blickkontakt zu den Kindern herstellen. Außerdem ist immer darauf zu achten, dass man die verschiedenen Laute wie beim täglichen Sprechen benutzt. Deshalb sagt man beispielsweise nicht „ka", sondern „k"!

Ergänzen, ertasten und benennen!

Alter: ab 5 Jahren
Materialien: unterschiedliche Dinge
Gruppengröße: ab 1 Kind
Spieldauer: etwa 2 Minuten

Die Kinder erhalten die Aufgabe, einen Holzbaustein, ein Telefonbuch, ein Trinkglas, einen Buntstift, ein Papiertaschentuch und einen Kochtopf zu holen und in die Kreismitte zu legen. Danach wird ein Kind ausgewählt, welches sich alle Gegenstände genau anschauen darf. Sobald das Kind sich die Gegenstände gut eingeprägt hat, darf es seine Augen schließen und gespannt abwarten, bis ein anderes Kind beispielsweise Folgendes sagt: „Ich denke an ein Wort, welches mit Holzbau… beginnt!"

Jetzt muss das Kind in Gedanken das Wort ergänzen und den gesuchten Holzbaustein ertasten. Hält das Kind den richtigen Gegenstand in der Hand, dann darf es das Wort benennen und seine Augen öffnen. Anschließend darf ein anderes Kind das Tastspiel durchführen.

Das Körper-Tastspiel

Alter: ab 4 Jahren
Gruppengröße: ab 2 Kinder
Spieldauer: etwa 3 Minuten

Durch dieses Tastspiel lernen die Kinder einerseits ihren Körper besser kennen und lernen andererseits verschiedene Begriffe, wie Beine, Arme, Hände, Ohren, Augen, Mund und Nase, verstehen und ihrem Körper zuordnen. Immer zwei Kinder stellen sich voreinander, sodass sie zueinander einen guten Blickkontakt herstellen können. Sobald sich die Kinder paarweise zusammengefunden haben und sich direkt gegenüberstehen, schließen alle Kinder ihre Augen. Danach kann die Spielleiterin beispielsweise folgenden Satz sagen: „Alle Kinder berühren sich gegenseitig an der Nase!" Wurde die Aufgabe ausgeführt, öffnen alle Kinder zur Kontrolle ihre Augen. Anschließend darf eines der Kinder sich ein weiteres Körperteil überlegen, das die Kinder mit geschlossenen Augen bei ihrem Partner anfassen sollen.

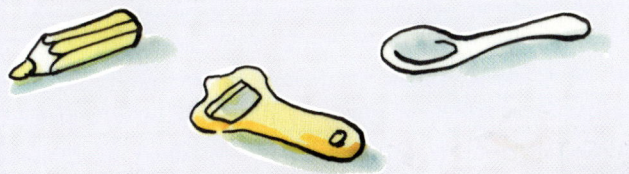

Vorschläge für weitere Spielrunden:
- Streichholz…schachtel,
- Puppen…kleid,
- Tee…kanne,
- Web…rahmen,
- Kaffee…löffel,
- Flaschen…öffner etc.

Wer eine Reise macht ...
Bewegungsspiele, die zum Sprechen animieren

Das Reise-Reimspiel
Alter: ab 5 Jahren
Materialien: Ball
Gruppengröße: ab 3 Kinder
Spieldauer: 2 Minuten oder mehr

In einem großzügig gestellten Stuhlkreis überlegt sich jedes Kind für sich einen Gegenstand, welchen es gerne in den Urlaub mitnehmen möchte. Haben alle Kinder einen solchen Gegenstand in Gedanken gefunden, dann holt sich ein Kind einen Ball, mit dem es sich in die Kreismitte stellt. Während nun das Kind seinen Gegenstand, wie beispielsweise „Sonnenbrille!", laut benennt, wirft es den Ball einem beliebigen Kind zu, dessen Aufgabe darin besteht, sich sofort ein passendes Reimwort, wie „Rille", zu überlegen. Danach tauschen die beiden Kinder ihre Plätze, sodass das Spiel erneut beginnt. Auf diese Art wird das Spiel so lange fortgesetzt, bis alle Kinder ihren Gegenstand benennen konnten.

Wer ist am schnellsten im Urlaub?
Alter: ab 4 Jahren
Materialien: vier Poster mit unterschiedlichen Landschaftsmotiven, Tesafilm, Trommel
Gruppengröße: ab 3 Kinder
Spieldauer: etwa 2 Minuten

Auf alle vier Wände im Raum wird jeweils ein Poster, auf dem ein Landschaftsmotiv wie Berge, Meer, Wald und Wiese zu sehen ist, aufgehängt. Haben alle Kinder sich diese Bilder gut angeschaut, dann gibt die Spielleiterin den Rhythmus auf der Handtrommel vor, zu dem sich die Kinder im Raum bewegen. Das geht immer so weiter, bis plötzlich die Trommel verstummt und die Spielleiterin beispielsweise „Wald!" ruft. Jetzt müssen alle Kinder zu dem Poster, auf dem der Wald zu sehen ist, laufen. Danach darf das Kind, welches als Erstes vor dem richtigen Poster steht, die Rolle der Spielleiterin übernehmen.

Variation: Die Spielleiterin beschreibt den Urlaubsort. Glauben die Kinder, den Ort zu kennen, dann müssen sie ganz schnell zu dem dazugehörigen Bildmotiv laufen.

Bei Sonne ins Wasser springen

Alter: ab 4 Jahren
Materialien: Weichbodenmatte
Gruppengröße: ab 3 Kinder
Spieldauer: etwa 2 Minuten

Die Kinder stehen im Kreis. Außerhalb des Kreises liegt eine Weichbodenmatte. Nun wählen die Kinder ein Kind aus, das zunächst schlechtes Urlaubswetter ankündigt, indem es beispielsweise „Regen" oder „Hagel" sagt. Aufmerksam hören die anderen Kinder zu und warten gespannt, bis das Kind irgendwann einmal „Sonne!" ruft. Denn in diesem Augenblick müssen alle Kinder sofort reagieren und auf die Weichbodenmatte bzw. ins imaginäre Wasser springen. Anschließend darf das Kind, welches am schnellsten auf der Matte sitzt, das Spiel von vorne anfangen.

> In Bewegung kommen, locker werden, aufeinander zugehen und miteinander sprechen, all das führt zu einer Verbesserung der Artikulation und wirkt sich positiv auf das Gruppenklima aus. Außerdem fördern Spiele, die zum Bewegen und Sprechen animieren, die Wahrnehmungsfähigkeit, das Reaktionsvermögen, die körperliche Geschicklichkeit, die Konzentrationsfähigkeit, die Sprechfreudigkeit, das Selbstvertrauen und das Sozialverhalten des Kindes.

Wo findet man Edelweiß?

Alter: ab 5 Jahren
Materialien: Sprossenwand, Weichbodenmatte, Turnbank
Gruppengröße: ab 3 Kinder
Spieldauer: etwa 2 Minuten

Aufmerksam hören die Kinder zu, wenn die Spielleiterin beispielsweise Folgendes sagt: „Wo findet man Edelweiß?" Jetzt müssen die Kinder eine Antwort geben, indem sie „In den Bergen!" sagen. Danach müssen alle Kinder blitzartig auf die Sprossenwand klettern, welche die Berge darstellen. Konnte ein Kind besonders schnell die Aufgabe erfüllen, dann wiederholt es das Spiel mit einer weiteren Frage.

Vorschläge für weitere Spielrunden:
1. „Wo findet man Enzian, Steinböcke, Gämsen ...?"
Antwort: „In den Bergen!" (Jetzt müssen alle Kinder auf die Sprossenwand klettern.)
2. „Wo findet man Muscheln, Seesterne, Haie ...?"
Antwort: „Im Meer!" (Nun müssen alle Kinder auf die Weichbodenmatte springen.)
3. „Wo findet man Moos, Tannenzapfen, Eichhörnchen ...?"
Antwort: „Im Wald!" (Jetzt müssen alle Kinder auf eine Turnbank steigen.)
4. „Wo findet man Gänseblümchen, Löwenzahn, Bienen ...?"
Antwort: „Auf der Wiese!" (Nun legen sich alle Kinder auf den Boden.)

Eine Zugfahrt im Kreis

Alter: ab 3 Jahren
Gruppengröße: ab 5 Kinder
Spieldauer: ca. 1 Minute

Bis auf ein Kind, welches in der Kreismitte mit geschlossenen Augen steht, bilden alle Kinder einen Kreis, stellen sich hintereinander und fassen sich jeweils an den Schultern. Indem sie nun im Kreis hintereinander hergehen, sagen sie folgenden Spruch:
„Wir fahren mit dem Zug ganz weit fort, zählen wir bis drei, dann sind wir dort!"
Dann müssen alle Kinder regungslos stehen bleiben. Während jetzt das Kind in der Kreismitte seine Augen blitzschnell öffnet, muss es versuchen, ein Kind dabei zu erwischen, das sich noch bewegt. Entdeckt es ein solches Kind, dann tauschen die beiden Kinder ihre Rollen, sodass die „Zugfahrt" wieder beginnen kann.

Der Zugführer heißt M...artin

Alter: ab 5 Jahren
Materialien: Handtrommel
Gruppengröße: ab 4 Kinder
Spieldauer: etwa 3 Minuten

Die Spielleiterin trommelt einen beliebigen Rhythmus, zu dem sich die Gruppe im Raum bewegt. Hört die Spielleiterin plötzlich mit dem Trommeln auf, bleiben alle Kinder stehen und warten gespannt, bis die Spielleiterin den Anfangslaut eines Vornamens aus der Gruppe laut sagt, welchen alle Kinder dann herausfinden müssen. Wurde der richtige Name genannt, bilden die Kinder hinter dem betreffenden Kind eine Schlange. Sobald das Trommelspiel wieder einsetzt, gehen alle Kinder zum Rhythmus im Raum hintereinander her. Das geht so lange, bis das Trommelspiel wieder verstummt. Jetzt bleiben alle Kinder stehen und warten geduldig ab, bis der „Zugführer" den Anfangslaut eines neuen Vornamens sagt und auf diese Weise seinen Nachfolger bestimmt.

Ich sehe einen Elefanten!

Alter: ab 4 Jahren
Materialien: Tier-Memory, Kassettenrecorder, U-Musik
Gruppengröße: ab 6 Kinder
Spieldauer: 2 Minuten oder mehr

Die Kinder stellen sich vor, dass sie einen Ausflug in den Zoo machen. Dazu erhalten die Kinder jeweils ein Kärtchen. Jeweils zwei Kinder haben also das gleiche Tiermotiv. Anschließend gehen alle Kinder zum Rhythmus der Musik durch den Raum. Begegnen sich zwei Kinder, dann tauschen sie ihre Kärtchen miteinander aus, ohne dabei das Tiermotiv zu beachten. Das geht so lange, bis die Spielleiterin die Musik stoppt. Sofort bleiben alle Kinder wie versteinert stehen und schauen schweigsam auf ihr Kärtchen. Nun nennt die Spielleiterin den Namen eines Kindes. Dieses Kind muss jetzt laut sein Tiermotiv benennen, indem es beispielsweise sagt: „Ich sehe einen Elefanten!" Anschließend muss das Kind, welches ebenfalls ein Elefantenkärtchen in den Händen hält, folgendermaßen antworten: „Ich sehe auch einen Elefanten!" Setzt die Musik wieder ein, dann tauschen alle Kinder wieder ihre Kärtchen miteinander aus.

Koffer packen

Alter: ab 4 Jahren
Materialien: Handtrommel, Koffer, Regenschirm, Jacke, Hut, Pullover etc.
Gruppengröße: ab 2 Kinder
Spieldauer: etwa 2 Minuten

Möglichst weit weg voneinander werden im Raum bis zu sechs Dinge platziert, welche die Kinder mit Namen kennen müssen. Sind alle Gegenstände verteilt, trommelt die Spielleiterin einen beliebigen Rhythmus, zu dem die Kinder durch den Raum gehen. Hört jedoch das Trommeln auf, dann bleiben alle Kinder stehen und lauschen der Anweisung der Spielleiterin, die beispielsweise Folgendes sagt: „Ich packe in den Koffer einen Regenschirm!" Daraufhin müssen alle Kinder so schnell wie möglich zum Regenschirm laufen. Danach darf das Kind, welches als Erstes dort angekommen ist, den Regenschirm in den bereitgestellten Koffer packen und die Rolle der Spielleiterin übernehmen.

> **U**m Dinge benennen zu können, müssen Kinder diese erst einmal kennen. Alltägliche Erfahrungen und Erlebnisse aus erster Hand, aber auch Spiele und Übungen, bei denen u. a. mit Bildmotiven und Gegenständen gearbeitet wird, helfen dabei, dass zahlreiche Begriffe von den Kindern verinnerlicht werden.

Das Safari-Entdeckungsspiel

Alter: ab 5 Jahren
Materialien: zehn bis zwölf Tierkärtchen
Gruppengröße: ab 3 Kinder
Spieldauer: etwa 2 Minuten

Die Kinder stellen sich vor, dass sie gemeinsam eine Safari unternehmen. Dazu liegen auf einem Tisch zehn bis zwölf Kärtchen, auf denen jeweils ein Tier abgebildet ist. Danach wird ein Kind bestimmt, welches eines der Tiere pantomimisch vorstellen darf. Glauben die anderen Kinder, das Tier zu erkennen, dann müssen sie sich blitzschnell das nach ihrer Meinung dazugehörige Tierkärtchen schnappen. Hält ein Kind das Tierkärtchen in den Händen, dann darf es den Namen des Tieres nennen und seine Auswahl begründen. Wird die Aussage des Kindes vom „Darsteller" bestätigt, dann tauschen die beiden Kinder ihre Plätze, sodass das Spiel erneut beginnt.

Wenn ich verreise, ziehe ich eine Jacke an!

Alter: ab 4 Jahren
Materialien: unterschiedliche Kleidungsstücke der Kinder
Gruppengröße: ab 12 Kinder
Spieldauer: etwa 2 Minuten

Immer drei bis vier Kinder bilden eine Gruppe und einigen sich auf ein Kleidungsstück, beispielsweise eine Mütze, von dem sich jedes Kind eine holt. Sobald alle Kinder mit jeweils einem Kleidungsstück auf einem beliebigen Platz im Stuhlkreis sitzen, beginnt das Spiel. Aufmerksam lauschen die Kinder den Worten der Spielleiterin, die beispielsweise Folgendes sagt: „Wenn ich verreise, ziehe ich eine Jacke an!" Jetzt müssen die Kinder, die eine Jacke in den Händen halten, sofort reagieren und ihre Plätze miteinander tauschen.
Anschließend setzt das Kind, welches als Erstes auf einem Platz sitzen konnte, das Spiel mit einem weiteren Kleidungsstuck fort.

> **D**as Beobachten, Erkennen, Vergleichen und Reagieren erfordert vor allem sehr viel Aufmerksamkeit, Konzentration und Schnelligkeit. Aus diesem Grund müssen die Kinder sich auf die gestellte Aufgabe einlassen und sich mit dieser auseinander setzen können. Denn erst wenn es den Kindern gelingt, zu einer Lösung zu kommen, können sie diese auch mit ihren eigenen Worten gut begründen.

Was brauche ich für die Reise?

Alter: ab 5 Jahren
Materialien: Utensilien für den Urlaub
Gruppengröße: ab 1 Kind, bis zu 15 Kinder
Spieldauer: etwa 2 Minuten

Die Spielleiterin hat vorher Reiseutensilien im Raum versteckt. Alle Kinder bilden einen Kreis. Wenn es ganz leise ist, dann sagt die Spielleiterin beispielsweise folgenden Satz: „Wenn ich verreise, brauche ich ein Hand...!"
Die Kinder, welche aufmerksam zuhören, müssen dieses Wort ergänzen, indem sie beispielsweise „Handtuch" sagen. Sobald das gemeinte Wort von der Spielleiterin bestätigt wird, müssen alle Kinder blitzschnell den Gegenstand im Raum suchen. Danach darf das Kind, welches als Erstes den Gegenstand finden konnte, das Spiel fortsetzen.

Beispiele für weitere Spielrunden:

Regen   —   Regenschirm,
Radio   —   Radiowecker,
Bade   —   Bademütze,
Sonnen   —   Sonnencreme,
Foto   —   Fotokamera etc.

Den Ausflugsort erraten

Alter: ab 5 Jahren
Materialien: pro 2-3 Kinder ein großes Landschaftsfoto, Handtrommel
Gruppengröße: ab 6 Kinder
Spieldauer: etwa 4 Minuten

Einige große Landschaftsbilder werden gut sichtbar auf dem Boden verteilt. Nun finden sich immer zwei bis drei Kinder zusammen und geben sich die Hände. Dann warten die Kinder ab, bis die Spielleiterin mit dem Trommeln beginnt. Zum Rhythmus der Trommel gehen die einzelnen Gruppen durch den Raum. Hört das Trommelspiel auf, geht jede Gruppe zu dem Bild, welches sich in ihrer unmittelbaren Nähe befindet. Steht jede Gruppe vor einem Bild, dann schauen sich die Kinder aufmerksam möglichst viele Details an. Nach einer Weile wird dann eine Gruppe ausgewählt, welche so lange die einzelnen Dinge aufzählt, bis die anderen Kinder den vorgestellten Ausflugsort erraten können. Sobald die Spielleiterin wieder trommelt, beginnt die zweite Spielrunde.

Das ist der Daumen
Lustige Fingerspiele

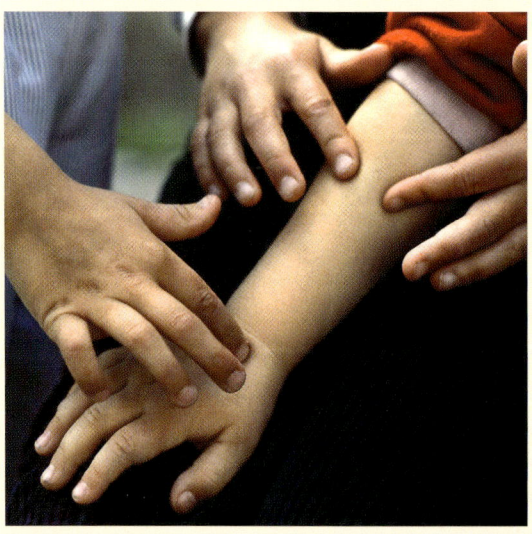

Immer zwei Finger reimen!
Alter: ab 5 Jahren
Gruppengröße: ab 1 Kind
Spieldauer: etwa 3 Minuten

Eins und zwei fangen an, die Runde zu fragen:
„Wer kann uns gleich die passenden Reimwörter sagen?"
„Was reimt sich denn auf Baum?"
Drei und vier antworten: „Traum, Raum, kaum ..."
„Was reimt sich denn auf Tasse?"
Fünf und sechs antworten: „Masse, Kasse, Klasse ..."
„Was reimt sich denn auf Rose?"
Sieben und acht antworten: „Dose, Hose, Soße ..."
„Was reimt sich denn auf Land?"
Neun und zehn antworten: „Hand, Rand, Sand ..."

Spielanleitung:
Jede Hand wird zu einer Faust geballt. Folgt die erste Frage, wird der Daumen und Zeigefinger der rechten Hand ausgestreckt. Ist diese beantwortet, folgt die nächste Frage, sodass der Ring- und Mittelfinger dieser Hand ebenfalls ausgestreckt werden. Auf diese Art wird das Spiel so lange weitergeführt, bis schließlich alle zehn Finger zu sehen sind.

So fliegen die Bienen herum
Alter: ab 4 Jahren
Gruppengröße: ab 1 Kind
Spieldauer: etwa 1 Minute

Summ – So fliegt die erste Biene
und verzieht dabei keine Miene.
Summ, summ – So fliegt die zweite Biene
und verzieht dabei keine Miene.
Summ, summ, summ – So fliegt die dritte Biene
und verzieht dabei keine Miene.
Summ, summ, summ, summ – So fliegt die vierte Biene
und verzieht dabei keine Miene.
Summ, brumm, summ, brumm, summ – So fliegt die kleinste Biene
und verzieht dabei ihre Miene.
Das sind ja wirklich lustige Sachen,
die bringen alle Bienen zum Lachen – Ha, ha, ha....

Spielanleitung:
Alle Kinder bilden mit ihrer rechten Hand eine Faust. Danach strecken sie ihren Daumen aus. Anschließend strecken die Kinder nacheinander die einzelnen Finger aus. Dazu machen die Kinder die ganze Zeit einen ernsten Gesichtsausdruck. Nur wenn der kleine Finger an der Reihe ist, machen sie einen freundlichen Gesichtsausdruck, um dann mit viel Gelächter schließlich alle Finger vergnügt hin und her zappeln zu lassen.

Das Reim-Fingerspiel

Alter: ab 4 Jahren
Gruppengröße: ab 1 Kind
Spieldauer: etwa 2 Minuten

Fünf Finger stehen hier und fragen:
„Wollen wir uns an Tier-Reime wagen?"
Begeistert zappeln alle Finger hin und her.
Denn eine Antwort zu geben ist bestimmt nicht schwer.
Der Daumen beginnt und sagt: „Fisch!"
Die Antwort der Finger lautet: „Tisch!"
Der Zeigefinger sagt: „Taube!"
Die Antwort der Finger lautet: „Haube!"
Der Mittelfinger sagt: „Katze!"
Die Antwort der Finger lautet: „Tatze!"
Der Ringfinger sagt: „Hase!"
Die Antwort der Finger lautet: „Nase!"
Der kleinste Finger sagt: „Hund!"
Die Antwort der Finger lautet: „Halt deinen Mund!"

Spielanleitung:
Die Kinder strecken ihre Finger aus, um sie dann hin und her zappeln zu lassen. Danach bilden die Kinder eine Faust. Beginnend mit dem Daumen, strecken dann die Kinder nacheinander die einzelnen Finger wieder aus, bis schließlich alle Finger wieder zu sehen sind.

> Fingerspiele fördern die Feinmotorik, trainieren das Gedächtnis, schulen das Vorstellungsvermögen, animieren zum Sprechen und machen vor allem den Kindern viel Freude. Zudem eignen sich die meist einfachen Texte, welche für das Spiel mit den Händen und Fingern bestens geeignet sind, teilweise auch für kurze Rollenspiele oder für Gespräche mit den Kindern.

Auf der Leiter

Alter: ab 4 Jahren
Gruppengröße: ab 1 Kind
Spieldauer: etwa 1 Minute

Fünf kleine Finger klettern auf eine Leiter.
Von dort oben sehen sie einen Reiter.
Sie sehen auch Leute, die machen eine Reise.
Von dort oben klingt der vorbeifahrende Zug ganz leise.
– „Sch, sch, sch …!"
Aber was ist mit der winzig kleinen Laus?
Unbemerkt kann sie jetzt aus ihrem Haus raus!

Spielanleitung:
Die Finger der rechten Hand auf dem linken Arm bis zu den Schultern wandern lassen. Danach die rechte Hand an die Stirn halten und sich dabei umschauen. Nun das Zuggeräusch durch ein leises „Sch-sch-sch …" nachahmen. Anschließend den rechten Zeigefinger bzw. die „Laus" unter dem linken Arm verstecken. Zum Schluss den rechten Zeigefinger zur linken Schulter führen und diesen auf dem Arm in Richtung der linken Hand bewegen.

Die kleine Waldschnecke

Alter: ab 4 Jahren
Gruppengröße: ab 1 Kind
Spieldauer: etwa 2 Minuten

Im Wald lebt eine kleine Schnecke.
Jeden Tag bewältigt sie die gleiche Strecke.
Doch eines Tages geht sie weiter bis zu einem Schild.
Auf diesem steht: „Hier ist die Insel Sylt."
„Das kann doch nicht sein!", ruft entsetzt die Schnecke.
Dabei erinnert sie sich an die zurückgelegte Strecke.
Doch zum Glück trifft sie Fritz, das Schwein.
Wird sie mit seiner Hilfe bald wieder zu Hause sein?

Spielanleitung:

Auf einen Tisch legen die Kinder ihre rechte Hand, mit welcher sie eine Faust bilden. Indem sie den Zeigefinger und kleinen Finger ausstrecken, stellen sie die Fühler der Schnecke dar. Anschließend lassen die Kinder so lange ihre „Schnecke" auf der Tischplatte umherkriechen, bis sie schließlich vor einem imaginären Schild steht. Wie am Anfang machen die Kinder nun mit der anderen Hand ebenfalls eine Faust und strecken danach den Daumen aus, sodass dieser zur Decke zeigt. Den Daumen bzw. „Fritz, das Schwein" bewegen sie dann zu der „Schnecke". Stehen beide „Tiere" voreinander, dürfen die Kinder versuchen, die gestellte Frage zu beantworten.

Laute, wie beispielsweise „r" und „l", „sch" und „s", „k" und „t", „f" und „s" sind für so manches Kind schwer zu unterscheiden. Zur Förderung der akustischen Aufmerksamkeit und Lautdifferenzierung eignen sich u. a. Fingerspiele, bei denen sich ganz bewusst immer die zwei Wörter reimen, deren Anlaut ähnlich klingt.

Die Suche nach der guten Fee

Alter: ab 4 Jahren
Gruppengröße: ab 1 Kind
Spieldauer: etwa 2 Minuten

Im Wald liegt ein kleiner See.
Ganz in der Nähe lebt eine gute Fee.
Eines Tages beginnt ein Zwerg, sie zu suchen.
Weil er sie nicht findet, fängt er an zu fluchen.
Jetzt frage ich dich: „Ist das gut, so zu sein?
Findest du das Verhalten des Zwergs etwa fein?"

Spielanleitung:

Alle vier Fingerspitzen der linken Hand berühren den Daumen, sodass ein Kreis bzw. „See" angedeutet wird. Jetzt den Zeigefinger der rechten Hand neben dem „See" platzieren. Dann die linke Hand hinter dem Rücken verschwinden lassen und mit der rechten Hand eine Faust bilden. Schließlich den kleinen Finger ausstrecken.

Die zerbrochene Milchkanne

Alter: ab 4 Jahren
Gruppengröße: ab 1 Kind
Spieldauer: etwa 1 Minute

Auf einem Bauernhof wohnt eine Katze.
Die greift nach der Milch mit ihrer Tatze.
Dabei zerbricht dann die volle Kanne.
Vor Schreck verschwindet sie hinter einer Tanne.
Der Bauer spricht: „Das ist wirklich nicht klasse!
Ab sofort bekommt sie eine eigene Tasse!"

Spielanleitung:
Mit der rechten Hand bilden die Kinder eine Faust und strecken danach den Daumen aus. Anschließend strecken sie die übrigen Finger aus und zeigen ihre „Krallen". Dabei tun sie so, als ob sie nach einer Milchkanne greifen. Zerbricht die Milchkanne, legen die Kinder ihre Hand blitzschnell hinter den Rücken. Am Ende holen die Kinder wieder ihre Hand hervor, um dann mit erhobenem Zeigefinger die Worte des Bauers zu bekräftigen.

Das fällt auch dem Kleinsten nicht schwer!

Alter: ab 3 Jahren
Gruppengröße: ab 1 Kind
Spieldauer: etwa 1 Minute

Der erste Finger heißt Daumen.
„Schmatz, schmatz!" – isst er die Pflaumen.
Der Zeigefinger zeigt allen die Strecke.
„Tapp, tapp" – gehen alle Finger gleich um die Ecke.
Der Mittelfinger ist der Mann in der Mitte.
„Juhu, juhu!" – ruft vor Freude der Dritte.
Der Ringfinger hüpft gerne hin und her.
„Hopp, hopp!" – Das fällt auch dem Kleinsten nicht schwer!

Spielanleitung:
Mit der rechten Hand eine Faust ballen. Jetzt nacheinander den Daumen und Zeigefinger ausstrecken. Anschließend die übrigen Finger zeigen, die Hand dann ganz hinter dem Rücken verschwinden lassen. Schließlich wieder eine Faust machen und diese zeigen. Danach den Daumen, Zeige- und Mittelfinger ausstrecken. Dabei den Mittelfinger vor Freude zappeln lassen. Zum Schluss erst den Ringfinger und schließlich auch den kleinen Finger auf dem rechten Oberschenkel hin und her bewegen.

Wie machen die Tiere?

Alter: ab 3 Jahren
Gruppengröße: ab 1 Kind
Spieldauer: etwa 1 Minute

Der Erste lebt auf einer Weide und ist eine Kuh.
Er macht immer muh, muh, muh!
Der Zweite ist ein Vogel und hat dich lieb.
Er macht immer piep, piep, piep!
Der Dritte ist eine Schnatterente und nicht träg.
Er macht immer räk, räk, räk!
Der Vierte ist eine Biene und nicht dumm.
Er macht immer sum, sum, sum!
Der Fünfte ist ein kleiner Hund – oder gar eine Sau?
Auf jeden Fall macht er immer wau, wau, wau!

Spielanleitung:
Ausgehend von einer Faust werden nacheinander die einzelnen Finger ausgestreckt.

Kurze und originelle Spielgeschichten, bei denen die Kinder beispielsweise auch Tierstimmen, Geräusche und Gefühle ungehemmt zum Ausdruck bringen können, haben einen hohen Unterhaltungswert und führen dazu, dass sich bereits jüngere Kinder die Verse besonders gut merken können.

Das sind meine fünf Finger

Alter: ab 3 Jahren
Gruppengröße: ab 1 Kind
Spieldauer: etwa 1 Minute

Tra, tra, tra – der erste Finger ist da!
Ho, ho, ho – der zweite Finger winkt so!
Hopp, hopp, hopp – der dritte Finger reitet im Galopp!
Ha, ha, ha – der vierte Finger ist dem Kleinsten ganz nah!
He, he, he – der kleine Finger hüpft im Schnee!

Spielanleitung:
Die Kinder machen mit ihrer rechten Hand eine Faust und strecken danach den Daumen aus. Anschließend lassen die Kinder so lange ihren Zeigefinger hin und her zappeln, bis der Mittelfinger an die Reihe kommt. Nun lassen sie ihren Mittelfinger auf dem Oberschenkel hin und her hüpfen. Schließlich halten sie den Ringfinger möglichst dicht neben dem jetzt ebenfalls ausgestreckten kleinen Finger. Am Ende lassen die Kinder den kleinen Finger vergnügt auf dem rechten Oberschenkel umherhüpfen.

Das ist die Familie Laus

Alter: ab 3 Jahren
Gruppengröße: ab 1 Kind
Spieldauer: etwa 1 Minute

Das ist die Mutter.
Zum Backen nimmt sie Butter.
Das ist der Vater.
Gerne geht er ins Theater.
Das ist Rose.
Am liebsten trägt sie eine Hose.
Das ist Franz.
Oft geht er zum Tanz.
Das ist Baby Klaus.
Unsere süße kleine Maus.
Und das ist die Familie Laus.
Gemeinsam wohnen sie in
einem großen Haus.

Spielanleitung:

Mit einer Hand eine Faust ballen und nacheinander die einzelnen Finger strecken und dabei immer auf den „neu" dazugekommenen Finger mit dem Zeigefinger der anderen Hand deuten. Am Schluss berühren sich die Fingerspitzen beider Hände, sodass das Hausdach dargestellt wird.

Alle zehn Finger reimen!

Alter: ab 4 Jahren
Gruppengröße: ab 1 Kind
Spieldauer: etwa 2 Minuten

Der Daumen beginnt seinen Zwillingsbruder zu fragen:
„Was reimt sich denn auf Mutter?"
Dieser ruft ganz laut: „Butter!"
Nun fragt der Zeigefinger seinen Zwillingsbruder:
„Was reimt sich denn auf Haus?"
Dieser ruft ganz laut: „Maus!"
Jetzt fragt der Mittelfinger seinen Zwillingsbruder:
„Was reimt sich denn auf Hose?"
Dieser ruft ganz laut: „Dose!"
Nun fragt der Ringfinger seinen Zwillingsbruder:
„Was reimt sich denn auf Hund?"
Dieser ruft ganz laut: „Mund!"
Am Ende fragt der Kleinste seinen Zwillingsbruder:
„Was reimt sich denn auf Sand?"
Nun rufen alle Finger ganz laut: „Natürlich Hand!"

Spielanleitung:

Die Kinder machen mit beiden Händen eine Faust. Danach strecken sie den Daumen der rechten Hand aus, mit dem sie die Frage an den Daumen der linken Hand stellen. Indem die Kinder eine Antwort geben, strecken sie den Daumen der linken Hand ebenfalls aus. Auf die gleiche Art strecken die Kinder nacheinander die einzelnen Finger aus, sodass schließlich alle zehn Finger zu sehen sind. Zum Schluss lassen die Kinder ihre Finger hin und her zappeln.

Musik, Bewegung und Sprache
Spiele für die akustische Aufmerksamkeit und Differenzierung

Wie klingt die Stimme?
Alter: ab 4 Jahren
Materialien: Handtrommel, Triangel und Pauke
Gruppengröße: ab 2 Kinder
Spieldauer: ca. 3 Minuten

Während die Spielleiterin trommelt, gehen alle Kinder durch den Raum. Setzt das Trommelspiel aus, dann müssen sich immer zwei Kinder blitzschnell zusammenfinden und sich mit dem Gesicht zueinander stellen. Sind alle Kinder ganz leise, dann lässt die Spielleiterin entweder die Triangel oder die Pauke erklingen. Je nachdem, welchen Klang die Kinder hören, müssen sie sich entweder mit einer ganz piepsig oder ganz tief klingenden Stimme gegenseitig begrüßen.
Nach einigen Durchgängen können u. a. diese Fragen besprochen werden:
„Wie klingt deine Stimme, wenn du beispielsweise traurig, fröhlich, ärgerlich oder erkältet bist?"
„Und wie hört sich deine Stimme an, wenn du beispielsweise einer Person gegenüber eine Bitte oder Frage äußerst?"
„Kannst du die Stimme von deinem Vater, deiner Mutter und deinen Geschwistern unterscheiden und nachahmen?"

Begriffe finden
Alter: ab 6 Jahren
Gruppengröße: ab 3 Kinder
Spieldauer: ca. 3 Minuten

Bei diesem Spiel darf ein Kind vor die Türe treten und so lange warten, bis die Gruppe sich für eine bestimmte Tätigkeit oder einen bestimmten Gegenstand entschieden hat. Danach wird das Kind wieder von der Spielleiterin hereingebeten. Im Raum zurück, stellt sich das Kind vor die Gruppe, welche gemeinsam die ausgewählte Tätigkeit oder den ausgesuchten Gegenstand pantomimisch vorstellt. Glaubt das Kind den gesuchten Begriff zu kennen, dann teilt es laut seine Vermutung mit. Stimmt die Aussage des Kindes, dann muss die Gruppe das Wort wiederholen und dann bei jeder Silbe jeweils einmal klatschen. Dabei muss das Kind die Anzahl der Silben herausfinden. Erst danach wählt das Kind ein anderes Kind aus der Gruppe aus, welches das Spiel erneut beginnt.

Vorschläge für Spielrunden:
- Ste-hen
- klat-schen
- schlei-chen
- Ba-na-ne
- Kin-der-gar-ten-ta-sche
- Bil-der-buch

Es klingelt – Zeit zum Aufstehen!

Alter: ab 3 Jahren
Materialien: Wecker, Orff-Musikinstrumente
Gruppengröße: ab 3 Kinder
Spieldauer: etwa 3 Minuten

Ein Kind steht in der Kreismitte, die anderen Kinder sitzen im Stuhlkreis und halten jeweils ein Musikinstrument in den Händen. Indem nun das Kind in der Kreismitte seine Augen schließt, wird der Wecker gestellt. Danach deutet der Spielleiter nacheinander auf verschiedene Kinder, welche dann ihr Instrument kurz erklingen lassen. Aufmerksam lauscht das Kind so lange, bis irgendwann der Wecker klingelt. In diesem Augenblick muss das Kind das Geräusch durch ein lautes „Rrr...!" unterstützen. Daraufhin steht die Gruppe auf und sagt laut: „Guten Morgen!" Nun öffnet das Kind in der Mitte seine Augen, sodass ein anderes Kind an seine Stelle treten und geweckt werden kann.

> Übungen und Spiele im auditiven Bereich, bei denen die Kinder genau hinhören, differenzieren und auswählen müssen, fördern den Gehörsinn und die Merkfähigkeit. Allerdings können Kinder mit geschlossenen Augen bekannte Geräusche und Klänge sowie die Stimmen von vertrauten Personen in der Regel erst dann eindeutig erkennen, wenn Ruhe und Stille herrscht. Wird dies beachtet, dann gelingt es den Kindern auch viel besser, längere Wörter und Sätze richtig nachzusprechen oder gar bestimmte Laute bewusst wahrzunehmen.

Kaiser, wie viele Silben gibst du mir?

Alter: ab 6 Jahren
Materialien: Handtrommel
Gruppengröße: ab 6 Kinder
Spieldauer: 5 Minuten oder mehr

Ähnlich wie das bekannte Spiel „Kaiser, wie viele Schritte gibst du mir?" verläuft das nun folgende Spiel, bei dem ein Kind, welches den Kaiser spielt, mit einer Trommel in der Hand in einem Abstand von ca. 5 Metern der Gruppe gegenübersteht. Stehen alle Kinder ganz ruhig in einer Reihe, dann sagt das erste Kind Folgendes: „Kaiser, wie viele Silben gibst du mir?" Nun überlegt sich der „Kaiser" ein Wort, welches er laut sagt und dann je nach Anzahl der Silben trommelt. Während nun das Kind beispielsweise das Wort „Renn-au-to!" mit drei Trommelschlägen hört, muss es die Anzahl der Silben herausfinden. Wurden drei Silben vom Kind erkannt und vom „Kaiser" durch ein einfaches Kopfnicken bestätigt, dann darf das Kind drei Schritte in Richtung des Kaisers gehen. Schüttelt jedoch der „Kaiser" seinen Kopf, weil die Aussage nicht stimmt, dann muss das Kind auf seinem Platz stehen bleiben. Auf diese Art wird das Spiel so lange weitergeführt, bis irgendwann ein Kind direkt neben dem Kaiser steht.

Variation: Der „Kaiser" sagt ein beliebiges Wort mit einer deutlichen Silbentrennung. Das Kind, welches gerade an der Reihe ist, muss dann die Anzahl der Silben herausfinden.

Die Trommel macht bum, bum ...!

Alter: ab 4 Jahren
Materialien: Orff-Musikinstrumente wie Triangel, Schellenkranz, Handtrommel etc.
Gruppengröße: ab 8 Kinder
Spieldauer: etwa 3 Minuten

Fünf Kinder stehen in der Kreismitte und erhalten jeweils ein Instrument. Alle anderen Kinder, die im Stuhlkreis sitzen, schließen ihre Augen und lauschen gespannt, wie die fünf Kinder nacheinander einmal im Innenkreis herumgehen und dabei mit ihrem Instrument einen beliebigen Rhythmus vorspielen. Ist hierbei das Trommelspiel zu hören, öffnen die Kinder ihre Augen und unterstützen den Rhythmus, indem sie klatschen und dabei „Bum, bum ...!" sagen.

Variation: Während die Kinder ihre Augen schließen, spielen immer zwei Kinder gleichzeitig auf ihrem Instrument. Sobald die Kinder glauben, das Trommelspiel zu hören, müssen sie den Rhythmus durch Klatschen und Sprechen unterstützen.

Das Vornamen-Silbenzahl-Erkennungsspiel

Alter: ab 6 Jahren
Gruppengröße: ab 6 Kinder
Spieldauer: 5 Minuten oder mehr

Nacheinander klatschen die Kinder bei jeder Silbe ihres Vornamens in die Hände. Dabei müssen die Kinder herausfinden, in wie viele Silben sich der eigene Vorname aufteilen lässt. Wurde diese Aufgabe erfüllt, dann muss sich jedes Kind die Anzahl seiner „Klatscher" gut merken. Anschließend darf das älteste Kind aus der Gruppe seinen Vornamen in Silben klatschen. Jetzt müssen sich die Kinder melden, deren Vorname sich in die gleiche Anzahl Silben zerlegen lässt. Zur Kontrolle dürfen die betreffenden Kinder in die Kreismitte treten und bei jeder Silbe ihres Vornamens klatschen.

Variation: Den eigenen Vornamen in Silben stampfen, mit den Fingern schnipsen oder auf die Oberschenkel patschen.

Summen wie eine Biene oder zischeln wie eine Schlange?

Alter: ab 5 Jahren
Materialien: Klangschale und Handtrommel
Gruppengröße: ab 2 Kinder, bis zu 12 Kinder
Spieldauer: etwa 2 Minuten

So wie eine Biene summen (sss... = stimmhaftes „s") oder wie eine Schlange zischeln (zzz... = stimmloses „s") macht Kindern viel Spaß und bereitet auf das folgende Spiel vor, bei dem beispielsweise vereinbart werden kann:
Biene = eine Klangschale zum Klingen bringen
Schlange = mit den Fingerspitzen auf der Handtrommel behutsam im Kreis reiben
Ein Kind steht mit geschlossenen Augen im Stuhlkreis. Die anderen Kinder lassen entweder die Klangschale oder die Handtrommel von Hand zu Hand wandern, bis ein Kind sie erklingen lässt.

Dabei muss das Kind mit geschlossenen Augen auf die Klangquelle deuten und möglichst genauso laut den dazu passenden Laut von sich geben. Ist kein Ton mehr zu hören, verstummt auch das Kind. Danach öffnet es seine Augen und überprüft seine Aussage.

„Woher kommen die Klänge oder Geräusche?", „Sind diese vor, hinter, neben, über oder unter mir?"
Solche und ähnliche Fragen geben Auskunft darüber, ob die Kinder sich im Raum orientieren und das, was sie hören, lokalisieren können. Um jedoch die Fragen gut beantworten zu können, müssen die Kinder zunächst die Begriffe, wie beispielsweise rechts und links, kennen und unterscheiden lernen.

Das Klatsch-Ratespiel

Alter: ab 5 Jahren
Gruppengröße: ab 5 Kinder
Spieldauer: etwa 2 Minuten

Während ein Kind mit geschlossenen Augen in der Kreismitte steht, blinzelt die Spielleiterin einem weiteren Kind zu, welches rhythmisch in die Hände klatscht und dabei immer den Anlaut seines Vornamen sagt. Jetzt soll das Kind mit geschlossenen Augen heraushören, wo sich dieses Kind im Kreis befindet. Dabei versucht das Kind mit geschlossenen Augen zu dem Kind im Kreis zu gehen. Glaubt das Kind vor diesem Kind zu stehen, dann hebt es die Hand. Bestätigt die Spielleiterin die Vermutung des Kindes, dann muss das Kind aufgrund des mehrfach genannten Anlauts den Vornamen erraten. Wenn das Kind dann vom betreffenden Kind umarmt wird, darf es wieder die Augen öffnen.

Variation: Das zu findende Kind im Kreis versucht beispielsweise durch rhythmisches Stampfen oder Fingerschnipsen die ganze Aufmerksamkeit des Kindes in der Kreismitte auf sich zu lenken.

Das Quakspiel

Alter: ab 4 Jahren
Gruppengröße: ab 5 Kinder
Spieldauer: ca. 2 Minuten

Konnten sich die Kinder für eine Melodie, wie beispielsweise „Alle meine Entchen", entscheiden, dann stellen sich alle Kinder, bis auf eines, mit dem Rücken zur Wand in einer Reihe auf. Das einzelne Kind, welches beispielsweise Melanie heißt und sich von den Kindern ca. zehn Meter entfernt aufstellt, lauscht aufmerksam den folgenden Worten:
„Melanie, gib das Tiergeräusch an, denn du bist jetzt dran!"
Nun beginnt Melanie die Melodie von „Alle meine Entchen" zu quaken. Die Gruppe, welche das Quaken hört, muss sich jetzt so wie ein Frosch vorwärts bewegen. Das wird so lange fortgesetzt, bis das Quaken plötzlich verstummt. In diesem Augenblick müssen alle Kinder sofort aufspringen und zu der Wand zurücklaufen. Gelingt es Melanie, die soeben noch wie ein Frosch gequakt hat, eines der Kinder zu schnappen, dann werden die beiden Rollen für die nun folgende Spielrunde getauscht.

Einen Partner führen oder ihm „blind" folgen ist nur möglich, wenn die Kinder sich aufeinander verlassen und sich gegenseitig vertrauen können. Um jedoch die Kinder nicht unnötig abzulenken oder zu verunsichern, sollten für derartige Hörübungen sämtliche Störfaktoren möglichst ausgeschaltet werden. Aus diesem Grund empfiehlt es sich, dass bei solchen Übungen nicht zu viele Kinder gleichzeitig teilnehmen.

„Mein Hut, der hat drei Ecken"

Alter: ab 5 Jahren
Gruppengröße: ab 1 Kind
Spieldauer: etwa 2 Minuten

Während die Kinder beispielsweise das Lied „Mein Hut, der hat drei Ecken" singen, müssen sie immer auf ein zuvor vereinbartes Wort wie „Hut" achten und dabei ihre Hand heben. Geübtere Kinder können aber auch mit ihren beiden Händen einen „spitzen Hut" über dem Kopf andeuten. Dabei muss die ganze Gruppe sehr aufmerksam sein.

Weitere Liedbeispiele:

„Auf einem Baum ein Kuckuck..." (Kinder singen das Lied und heben immer bei dem Wort „Kuckuck" ihre Hand.)
„Alle Vögel sind schon da!..." (Kinder singen das Lied und heben immer bei dem Wort „Vögel" ihre Hand.)
„Große Uhren gehen tick, tack..." (Kinder singen das Lied und heben immer bei dem Wort „Uhren" ihre Hand.)

Variation: Ein Kinderlied wird vorgespielt. Immer wenn die Kinder ein bestimmtes Wort hören, dürfen sie sich von ihren Stühlen erheben.

Blinzele ich dich an, bist du dran!

Alter: ab 4 Jahren
Materialien: Tanzmusik, Kassettenrecorder, Rassel
Gruppengröße: ab 5 Kinder
Spieldauer: etwa 3 Minuten

In der Kreismitte steht ein Kind, das eine Rassel erhält. Aufmerksam bleibt das Kind so lange stehen, bis die Tanzmusik erklingt. Während nun das Kind zum Rhythmus der Musik tanzt und auf seinem Instrument spielt, klatschen alle anderen Kinder in die Hände. Stoppt die Musik, dann bleibt das Kind ganz ruhig stehen, um Folgendes zu sagen:
„Blinzele ich dich an, bist du dran!" Wenn jetzt das betreffende Kind in der Kreisrunde zurückblinzelt, tauschen die beiden Kinder ihre Rollen, sodass eine neue Tanzrunde beginnt.

Hopp, hopp – in den Reifen!

Alter: ab 5 Jahren
Materialien: ein Gymnastikreifen weniger, als Kinder da sind
Gruppengröße: ab 5 Kinder
Spieldauer: ca. 3 Minuten

Bei 5 Kindern werden 4 Reifen geholt und im Raum verteilt. Danach stellen sich alle Kinder nebeneinander direkt vor eine Wand. Stehen alle Kinder ganz ruhig auf ihrem Platz, dann wählt die Spielleiterin ein Kind aus, das dann einen beliebigen Rhythmus klatscht. Stillschweigend bleiben die Kinder stehen und warten so lange ab, bis das Kind irgendwann mit dem Klatschen aufhört und dabei laut „Hopp, hopp!" sagt. Jetzt müssen alle Kinder blitzschnell losrennen und sich einen freien Reifen suchen. Danach darf das Kind, welches keinen freien Reifen finden konnte, das Spiel erneut beginnen.

Variation: Bevor das Kind „Hopp, hopp!" ruft, stampft es rhythmisch auf den Boden.

Kurze Verse
Sprache kreativ erleben

Ein Gesicht aus Ton
Alter: ab 5 Jahren
Materialien: pro Kind eine Unterlage und etwas Ton
Gruppengröße: ab 1 Kind
Spieldauer: ca. 5 Minuten

Damit die Kinder sich aktiv beteiligen können, müssen sie das, was ihnen laut und deutlich vorgetragen wird, verstehen und gestalterisch umsetzen können. Merken jedoch die Kinder, dass die gestellten Aufgaben gut zu bewältigen sind und bei der Umsetzung zu gewissen Erfolgserlebnissen führen, dann lauschen sie besonders gerne und gespannt den vorgetragenen Versen.

Lass dich überraschen, denn heute machst du etwas Rundes.
Es wird jedoch nichts Kunterbuntes!
Alle Kinder sitzen ganz ruhig am Tisch vor ihrer Unterlage, auf der sich etwas Ton befindet.

In deinen Händen entsteht zunächst eine Form ohne Ecken.
Ja, es ist eine Kugel, welche deine Hände verstecken!
Die Kinder nehmen ihren Ton in die Hände und formen eine Kugel.

Nun legst du die Kugel auf die Unterlage.
Hast du dazu irgendeine Frage?
Alle Kinder legen ihre fertig gestellte Kugel auf ihre Unterlage und denken nach.

Mit den Fingern drückst du vorsichtig Augen, Nase und Mund in die Kugel hinein.
Ja, es ist ein Gesicht und wirklich sehr fein!
Aus der Kugel gestalten die Kinder ein Gesicht.

Die Schnecke aus Sand

Alter: ab 5 Jahren
Materialien: Sand, Gießkanne, Wasser, Sprungseil (ca. 2 m lang)
Gruppengröße: ab 1 Kind
Spieldauer: etwa 5 Minuten

Zunächst macht du den Sand etwas nass.
Das ist lustig und macht viel Spaß.
Mit der Gießkanne befeuchten die Kinder den trockenen Sand.

Danach nimmst du ein Seilende in die Hand.
Das drückst du behutsam in den feuchten Sand.
Alle Kinder drücken ein Seilende vorsichtig in den Sand hinein.

Nun legst du das Haus der Schnecke.
Natürlich ist dies ohne Ecken!
Jetzt überlegen sich die Kinder, wie sie mit ihrem Seil ein Schneckenhaus darstellen können.

Eine Spirale ist für das Häuschen sicherlich fein.
Das andere Seilende muss jedoch für die Schnecke sein.
Die Kinder formen mit ihrem Seil eine Spirale. Das letzte Stück des Seils versuchen die Kinder so anzuordnen, dass der Körper der Schnecke angedeutet wird.

Am Ende kannst du das Seil wieder behutsam wegnehmen.
Auf diese Weise kannst du vielleicht einen Abdruck sehen!
Nun nehmen alle Kinder ihr Seil vorsichtig aus dem Sand heraus. Mit etwas Glück können die Kinder dann einen Abdruck im Sand entdecken.

Ein Turm aus Streichholzschachteln

Alter: ab 4 Jahren
Materialien: pro Kind eine bis zwei leere Streichholzschachteln
Gruppengröße: ab 2 Kinder
Spieldauer: ca. 3 Minuten

Eine Schachtel auf die andere türmen wir auf.
So kommt der Turm bald groß heraus.
Alle Kinder stapeln die leeren Streichholzschachteln aufeinander.

Ist der Turm fertig, dann freuen wir uns sehr.
Jedoch haben wir jetzt keine Schachteln mehr.
Vor Freude über den Turm klatschen sämtliche Kinder in die Hände.

Deshalb wollen wir unseren Turm wieder einstürzen lassen.
Allerdings dürfen wir den Turm dabei nicht anfassen.
Alle Kinder lassen ihre Hände hinter ihrem Rücken verschwinden.

Damit das gelingt, müssen wir jetzt gut aufpassen.
Aber vor allem unsere Hände vom Turm weglassen!
In dieser Haltung bleiben die Kinder ruhig sitzen.

Sind alle bereit, dann stehen wir auf und atmen tief ein.
Pusten wir jetzt zum Turm, dann wird das bestimmt fein!
Jetzt stehen alle Kinder auf und platzieren sich direkt neben dem Turm. In dieser Position atmen alle Kinder zunächst tief ein, um dann den Turm umzupusten.

Bergsteigen auf dem Papier

Alter: ab 5 Jahren
Materialien: großes Malpapier, Wachsmalstift
Gruppengröße: ab 1 Kind
Spieldauer: etwa 3 Minuten

Langsam gehst du den steilen Berg hinauf.
Bist du oben, dann schnaufst du dich so richtig aus!
Die Kinder zeichnen die Strecke, welche sie beim Besteigen bewältigen müssen. Danach legen sie ihren Stift auf die Tischplatte.

Du stehst auf, atmest tief ein und doppelt so lange wieder aus.
Danach setzt du dich so leise hin wie eine Maus!
Nun stehen alle Kinder auf. Indem sie tief ein und möglichst doppelt so lange wieder ausatmen, versuchen sie ihr Atemvolumen zu steigern. Anschließend nehmen alle Kinder wieder Platz.

Jetzt fühlst du dich wieder ganz frisch und munter.
Voller Freude schaust du ins Tal hinunter.
Alle Kinder halten eine Hand an ihre Stirn und schauen umher.

Ganz winzig sieht alles von hier oben aus.
Hast du alles gesehen, möchtest du wieder nach Haus.
Dabei schauen sich die Kinder so lange um, bis sie schließlich wieder nach Hause gehen wollen.

Langsam gehst du den steilen Berg hinab.
Das geht jetzt viel leichter und macht dich nicht so schlapp!
Indem die Kinder ihren Stift an der „Bergspitze" ansetzen und den Abstieg auf der anderen Seite so zeichnen, dass ein „spitzes Dach" entsteht, wird der ganze Berg gezeichnet.

Verse, in die Atemübungen eingebettet sind, kräftigen das Atemvolumen. Dies hat zur Folge, dass die Kinder viel eher in der Lage sind, auch längere Sätze mühelos auszusprechen. Nicht zuletzt wirkt sich eine entspannte Atemführung positiv auf das Allgemeinbefinden aus.

Die Schlange aus Knetmasse

Alter: ab 4 Jahren
Materialien: Knetmasse
Gruppengröße: ab 1 Kind
Spieldauer: ca. 5 Minuten

Heute wollen wir gemeinsam kneten.
Dabei braucht niemand zu reden.
Alle Kinder sitzen stillschweigend am Tisch, auf der sich etwas Knetmasse befindet.

Leise nehmen wir eine Handvoll Knetmasse.
Auf diese Weise wird das, was wir jetzt machen, klasse!
Alle Kinder nehmen etwas Knetmasse in die Hände.

Zwischen den flachen Händen rollen wir die Knete hin und her.
Das ist leicht und fällt uns gar nicht schwer!
Mit den Händen formen die Kinder eine lange Schlange.

Wie eine Schlange sieht nun die Knete aus.
Hörst du sie zischeln, dann lasse sie aus dem Haus heraus!
Jetzt halten alle Kinder ganz ruhig ihre „Schlange" in den Händen und machen dabei das Zischeln der Schlange nach, sodass ein leises „Zzz..." (stimmloses „s") zu hören ist. Danach legen alle Kinder ihre „Schlange" behutsam auf den Tisch.

Ein Bild aus Sand

Alter: ab 4 Jahren
Materialien: Sand
Gruppengröße: ab 1 Kind
Spieldauer: ca. 5 Minuten

Möchtest du ein schönes Sandbild machen?
Außer Sand brauchst du sonst keine Sachen.
Alle Kinder sitzen im Sandkasten oder vor einer großen, mit Sand gefüllten Schüssel und rufen begeistert „Ja!".

Schlangenlinien malen ist bestimmt nicht schwer.
Aber auch kleine und große Kreise gefallen mir sehr.
Mit dem Zeigefinger malen die Kinder zuerst Schlangenlinien und danach kleine und große Kreise.

Punkte sehen besonders lustig aus.
Dafür kommen lange Striche groß heraus.
Nun machen die Kinder Punkte und schließlich lange Striche.

Bestimmt fallen dir jetzt noch andere Dinge ein.
Sag', was könnte das wohl sein?
Nacheinander zählen die Kinder dann die Dinge auf, welche sie zugleich malen möchten.

Die Biene auf dem Malpapier

Alter: ab 5 Jahren
Materialien: Malpapier, Wachsmalstifte
Gruppengröße: ab 1 Kind
Spieldauer: ca. 4 Minuten

Alle Kinder holen sich jeweils ein Malpapier und einen Wachsmalstift. Wenn alle Kinder am Tisch sitzen, hören sie aufmerksam der Spielleiterin zu, die Folgendes sagt:

Wie klingt das Summen einer Biene für dein Ohr?
Und wie klingt es, wenn viele Bienen summen im Chor!
Konnte die Spielleiterin das Summen einer Biene darstellen, dann summen alle Kinder gemeinsam. Hierfür ist ein stimmhafter Laut wie das „S" besonders geeignet.

Nun fliegt die Biene hinauf und herunter.
Dabei fühlt sie sich putzmunter!
Auf das Papier malen alle Kinder senkrechte Striche.

Gerne fliegt sie auch hin und her.
Solche Dinge gefallen der Biene sehr!
Nun machen alle Kinder waagrechte Striche.

Auch fliegt sie gerne im Kreis umher.
Auf diese Weise sieht sie viel mehr!
Schließlich malen alle Kinder einen großen Kreis.

Am Abend ist die Biene müde und legt sich zur Ruh.
Dabei deckt sie sich mit einem großen Pflanzenblatt zu.
Die Kinder legen ihren Stift auf das Papier, den sie mit einer flachen Hand behutsam verdecken.

Um die Artikulation einzelner Laute besonders zu fördern, bieten sich vor allem Geräusche aus der Natur und von Maschinen an. Spielerisch lassen sich die einzelnen Laute auch gut trainieren, wenn sie innerhalb einer kleinen Geschichte vorkommen. Werden zudem Fragen zu der Geschichte gestellt, dann kann man feststellen, ob alle Kinder aufmerksam und konzentriert zuhören.

Der Hase aus Kieselsteinen

Alter: ab 5 Jahren
Materialien: pro Kind ein paar Kieselsteine
Gruppengröße: ab 1 Kind
Spieldauer: etwa 4 Minuten

Nun wird es gleich losgehen.
Wie? – Das wirst du jetzt sehen.
Alle Kinder sitzen auf dem Boden und haben vor sich ein paar Kieselsteine liegen.

Mit den Kieselsteinen darfst du zuerst einen Kreis machen.
Danach überlegen wir uns verschiedene Sachen.
Mit den Kieselsteinen legen die Kinder einen großen Kreis.

Sicherlich schaut ein Gesicht lustig aus.
Zwei dicke Steine bringen die Augen groß heraus!
Im Innenkreis platzieren die Kinder zwei große Steine, welche die Augen darstellen sollen.

Ein kleiner Stein ist die Nase.
Sag, ist das am Ende gar ein Hase?
In die Kreismitte legen sie einen kleinen Stein.

Ja, zwei große Löffelohren musst du hierfür machen.
Ist das Gesicht nun fertig oder fehlen da noch irgendwelche Sachen?
Dann nehmen die Kinder noch ein paar Steine, um zwei große Ohren zu legen. Schließlich überlegen sich die Kinder, ob noch irgendwelche Dinge für das „Hasengesicht" fehlen.

Ein Gesicht mit den Grundfarben schminken

Alter: ab 4 Jahren
Materialien: gelbe, blaue und rote Schminkstifte, Spiegel
Gruppengröße: ab 2 Kinder
Spieldauer: ca. 4 Minuten

Mit der gelben Farbe male ich zuerst deine beiden Wangen an.
Ist dies fertig, dann kommt die Nase dran.
Immer zwei Kinder sitzen sich gegenüber und malen sich gegenseitig ihre Wangen gelb an.

Auf deine Nase male ich einen dicken blauen Punkt.
Anschließend widme ich mich dem Mund.
Nun machen die Kinder sich gegenseitig einen dicken blauen Punkt auf die Nase.

Rot und schön soll dein Mund sein.
Auf diese Art wird dieser nicht klein.
Nun malen die Kinder sich gegenseitig ihren Mund rot an.

Danach kannst du dich im Spiegel ansehen.
Sag, gefällt es dir? – Dann kannst du so nach draußen gehen!
Am Ende schauen sich die Kinder im Spiegel an und entscheiden, ob sie geschminkt bleiben wollen.

Der Rückzugsraum

Ein kleiner und kuscheliger Raum mit bequemen Sitzgelegenheiten, Matratzen, Decken, Polstern und Kissen lädt Kinder im besonderen Maße dazu ein, sich einfach mal aus dem Gruppengeschehen zurückzuziehen. Aber nicht nur zum Relaxen ist ein solcher Raum geeignet, sondern auch zum Musikhören, zum Quatschen und zum Bücherlesen. Außerdem kann ein Rückzugsraum auch der Ort sein, bei dem eine begrenzte Anzahl von Kindern ungestört miteinander spielen, sprechen und sich beratschlagen kann. Auf diese Weise wird dann so manche Spielidee in aller Ruhe entwickelt.

Gedächtnis trainiert, das Wissen erweitert und die Sprachentwicklung gefördert. Um die Begeisterung für Bücher zu wecken, können zudem Riesenbilderbücher angeschafft, eine Person zum Vorlesen eingeladen oder die Gemeindebücherei mit den Kindern besucht werden.

Variation: Eine eigene Bücherei, beispielsweise im Teamzimmer, bei welcher Eltern an einem bestimmten Tag in der Woche verschiedene Bücher oder Fachzeitschriften für maximal drei Wochen ausleihen können. Um den Überblick beim Ausleihen zu behalten, eignen sich die altbewährten Karteikarten.

Die Kinderbibliothek

Ein heller und freundlicher Raum mit ausreichender Beleuchtung, in dem die Kinder beispielsweise ein Sofa mit Kissen, Tische, Stühle und vielleicht auch einen Schaukelstuhl oder eine Hängematte vorfinden, macht geradezu Lust, das eine oder andere Buch, welche allesamt in leicht zugänglichen offenen Regalen liegen sollten, herauszuholen und etwas genauer zu betrachten. Dadurch, dass die Kinder sich beispielsweise mit Sach- und Märchenbilderbüchern, fantastischen und religiösen Bilderbüchern sowie Vorlesebüchern beschäftigen, wird u. a. das Vorstellungsvermögen angeregt, das

Der Bewegungsraum

Alles was Kinder zum Bewegen animiert wie beispielsweise Jongliertücher, Balancierhölzer, Sprungseil, Schaumstoffbälle, Sprungball, Wackelbretter und Pedalos sollten in einem Bewegungsraum nicht fehlen. Aber auch größere und vielseitig einsetzbare Bau- und Spielpolster wecken die kindliche Fantasie und Kreativität. So werden aus diesen Elementen u. a. Häuser, Schlösser und Türme gebaut, sodass relativ rasch ein spontanes Rollenspiel entsteht. Indem die Kinder im Umgang mit den Materialien selbst zu Akteuren werden, erleben sie zudem, dass ihr Tun einen Sinn bekommt. Auf diese Weise wird vor allem auch das Selbstwertgefühl der Kinder gefördert.

Die Stempelwerkstatt

Stempelkästen, welche farblich gut voneinander zu unterscheidende kleine und große Buchstaben des Alphabets, aber auch Interpunktionszeichen, Zahlen und die Umlaute „Ä", „Ö" und „Ü" enthalten, gehören wie die kopierten Blätter mit den aufgedruckten Wörtern zum Nachstempeln zum festen Bestandteil einer Stempelwerkstatt. Außerdem können spezielle Stempelspiele zur Sprachförderung eingesetzt werden, bei denen die Kinder spielerisch die Sprachlaute üben. Kreativitätsfördernd ist der Stempelspaß allemal, wenn neben den Buchstaben und Zahlen auch geometrische Formen und verschiedene Motive vorhanden sind. Zu alldem wird viel Abwechslung gewährleistet, wenn Stempel aus unterschiedlichen Materialien wie Holz und Schaumstoff für die Kinder bereitliegen.

Spielzeugfreie Räume

Für einige Wochen das Spielzeug zu Gunsten „wertloser" Materialien wie Decken, Kartons und Tücher ganz aus der Einrichtung zu räumen oder wenigstens in den Schränken zu verschließen, macht sicherlich Sinn. Denn auf diese Weise lässt sich im hohen Maße die Fantasie, Kreativität und Kommunikationsbereitschaft innerhalb der Gruppe fördern. Erstaunlich ist hierbei auch, dass zwischen den Kindern wesentlich weniger Streitigkeiten entstehen. Stattdessen werden Spielideen entwickelt, miteinander besprochen und in der Praxis umgesetzt. Wer jedoch ein solches Projekt durchführen möchte, sollte im Vorfeld die Eltern informieren und mit den Kindern grundsätzliche Dinge besprechen. So müssen die Kinder sich darüber im Klaren sein, dass sie immer selbst oder gemeinsam mit anderen Kindern Spielvorschläge, welche zunächst gesammelt werden, einbringen und umsetzen müssen.

Die Bastel- und Reparaturwerkstatt

Werkbänke mit Hocker, Werkzeug, Leim, Brettern, Baumscheiben und Holzstücken können genauso wie Fahrräder zum Schrauben und Montieren zu einer Bastel- und Reparaturwerkstatt gehören. Besonders interessant und faszinierend zugleich ist die Werkstatt für Kinder, wenn sie dort auch verschiedene Bücher und Pläne zum Bauen und Basteln vorfinden. Denn das Herstellen oder Reparieren von verschiedenen Dingen macht nicht nur Spaß, sondern fördert vor allem auch die Fantasie, die Kreativität, die Motorik, das Gedächtnis, die Merkfähigkeit und nicht zuletzt die Kommunikation. Aus diesem Grund sollten Räume, bei denen die Kinder selbst aktiv werden und dabei ihre Fähigkeiten entdecken können, in keiner Einrichtung fehlen!

Sprachbarrieren müssen nicht zwangsläufig zu Grenzen in der pädagogischen Arbeit führen. Dies setzt allerdings voraus, dass wir uns mit den verschiedenen Kulturen und Sprachen auseinander setzen. So können mehrsprachige Pädagogen beispielsweise die Eingewöhnungszeit der betreffenden Kinder erleichtern. Übersetzte Informationsbriefe, aber auch Elternveranstaltungen mit Dolmetschern helfen zudem, eine vertrauensvolle Basis zu fremdsprachigen Eltern aufzubauen.

Nachwort
Was tun bei Sprachstörungen?

Bemerken Sie, dass sich ein Kind Ihrer Gruppe sprachauffällig verhält, sollten Sie nicht zögern, beide Elternteile über die Problematik ihres Kindes zu informieren. Da die gegenseitige Unterstützung für den Erfolg maßgebend ist, sollten während dem Elterngespräch u. a. die eigenen Beobachtungen geschildert und die Eltern nach ihren Beobachtungen gefragt werden. Dabei können Sie selbst als auch die Eltern berichten, wie mit den Auffälligkeiten umgegangen wird. In diesem Zusammenhang sind die Eltern auch auf professionelle Hilfe hinzuweisen. Sind die Eltern bereit, diese in Anspruch zu nehmen, dann sollten Sie es nicht versäumen, ihnen eine Liste mit entsprechenden Adressen aus der näheren Umgebung auszuhändigen. Um eine schnellstmögliche Kooperation zwischen Kindergarten/Schule und dem spezialisierten Psychologen oder Therapeuten zu gewährleisten, sollten die Eltern ein Papier unterschreiben, indem die Eltern Sie für diesen Zweck von Ihrer Schweigepflicht entbinden.

Besonders dringend ist eine fachbezogene Abklärung erforderlich, wenn das Kind beispielsweise
– Laute weglässt oder ersetzt, z. B.: „Das ist so sön!" statt „schön" oder „Nun tomm!" statt „komm!" sagt (Stammeln).
– nicht altersgemäß Sätze formuliert, z. B.: „Wann heim gehe ich?" (Dysgrammatismus).
– eine Störung des Redeflusses bzw. Sprechablaufs aufweist, z. B.: „Da-da-das g-g-geht nicht!" (Stottern).
– viel zu überhastet spricht (Poltern).
– mehr oder weniger heiser ist (Stimmstörungen).
– näselt (Dysglossie).
– trotz seines Alters beispielsweise die Babysprache benutzt, längere Wörter nicht korrekt nachsprechen oder den Stift nicht richtig halten kann (Risikofaktoren zur Entwicklung einer Lese- und Rechtschreibschwäche).
– das Sprechen ganz oder teilweise verweigert, z. B.: gegenüber bestimmten Personen (Multismus) etc.

Um die Ursachen für Stimm-, Sprech- und Sprachstörungen näher zu beleuchten, bedarf es zunächst der Erkenntnis, dass die Sprachentwicklung des Kindes längst vor der Geburt beginnt. Somit bringt der gesunde Säugling, welcher durch Weinen und Schreien auf sich aufmerksam macht, bereits die beste Voraussetzung für den späteren Spracherwerb mit.

Allerdings sind für die Sprachentwicklung des Kindes von Anfang an die sprachlichen Kontakte seitens der Eltern bedeutsam. Sind solche Kontakte unzureichend vorhanden, dann kann der Sprachbeginn verzögert und der Spracherwerb beeinträchtigt werden.

Trotzdem müssen wir uns darüber im Klaren sein, dass es auch körperliche Ursachen gibt, die zu Störungen führen können. Somit können Auffälligkeiten in der Sprachentwicklung u. a. ein Hinweis darauf sein, dass das Kind hörgeschädigt ist. Wird eine solche Ursache bis spätestens zum Kindergarteneintritt erkannt und durch entsprechende Hörhilfen beseitigt, dann hat das Kind eine gute Chance, das Versäumte wieder aufzuholen.

Zudem verrät die Stimme viel über die seelische Verfassung, das Selbstwertgefühl und die augenblickliche Stimmung des Kindes. Denn geht dem Kind beispielsweise beim Aussprechen längerer Sätze regelmäßig die Luft aus, sodass die Stimme immer leiser wird oder gequält wirkt, dann ist dies ein Ausdruck für einen inneren Spannungszustand und einer flachen Atmung.

Aber auch einschneidende Erlebnisse und Veränderungen im Leben des Kindes, wie die Geburt eines Geschwisterchens, können bei ihm zu Eifersuchtsgefühlen führen, sodass möglicherweise Redeflussstörungen auftreten. An dieser Stelle sollte man jedoch wissen, das 80 % aller Kinder zwischen 2 und 4 Jahren unflüssig reden. Das so genannte physiologische Stottern (Entwicklungsstottern) ist völlig „normal" und verschwindet in der Regel nach einer gewissen Zeit von selbst.

Das fehlende Bewusstsein über diese Erkenntnis bewirkt oftmals, dass Erwachsene gegenüber sprachauffälligen Kindern unangemessen reagieren, indem sie diese beispielsweise kritisieren, abfragen, unterbrechen, verbessern oder gar strafen. Ohne es vielleicht zu wollen, werden die Kinder durch eine solche Vorgehensweise auf ihre Problematik hingewiesen, sodass es zu dauerhaften Fehlentwicklungen und Folgestörungen kommen kann.

Um solche Auswirkungen möglichst zu vermeiden, müssen wir die Kinder zum Sprechen ermutigen, indem wir ihnen geduldig zuhören, auf ihre Fragen eingehen und das Gesagte unbefangen aufnehmen.

Das setzt allerdings voraus, dass wir zu den einzelnen Kindern eine gute Vertrauensbasis aufbauen, bei welcher die Kinder spüren, dass wir sie als „vollwertigen" Gesprächspartner respektieren und wertschätzen. Das gelingt am besten, wenn wir uns vor dem Gespräch auf die Augenhöhe des Kindes begeben, um ihm auf diese Weise unsere ganze Aufmerksamkeit zu widmen.

Wird dies alles beachtet, dann wird dem betreffenden Kind viel eher der innere Druck genommen, sodass es dann wesentlich entspannter sprechen kann.

Macht das Kind dennoch Fehler, weil es beispielsweise „Das tann ich son!" sagt, dann sollten wir das Kind indirekt verbessern, indem wir Sätze wie „Ja, das kannst du schon!" dem Kind gegenüber formulieren.

Werden hierbei auch noch so kleine Fortschritte in der Artikulation des Kindes bemerkt, dann sollten wir es nicht versäumen, das Kind ausgiebig zu loben!

Obwohl Geborgenheit, Zuwendung, Liebe und Ansprache von zentraler Bedeutung für den Spracherwerb sind, brauchen Kinder bei weitem mehr, um ihren Wortschatz aufzubauen und zu erweitern. So wollen sich Kinder von klein auf bewegen, ihre Fähigkeiten und Grenzen entdecken sowie ihre Umgebung erforschen. Dabei lernen sie, mit allen Sinnen ihre Welt zu erkunden und zu begreifen. Bleibt in dieser Zeit der natürliche Bewegungs- und Entdeckungsdrang ungestillt, dann fehlen dem Kind grundlegende Erfahrungen und Erlebnisse, die für den Spracherwerb benötigt werden. Demzufolge müssen wir den Kindern abwechslungsreiche Spielräume anbieten, die zum Experimentieren, zum Handeln, zum Forschen, zum Entdecken und zum Verweilen einladen. Damit jedoch Kinder vielfältige Spielideen entwickeln, brauchen sie vor allem „unfertige" Materialien, von denen sie jede Menge in der freien Natur vorfinden.

Wieder zurück in den Innenräumen können die Kinder sich gegenseitig ihre Erfahrungen und Erlebnisse beispielsweise im Stuhlkreis mitteilen. Um jedoch etwas anschaulich erzählt zu bekommen, sollten die Kinder miteinander nicht nur sprechen, sondern auch handeln. So können u. a. die Naturmaterialien sowohl beschrieben als auch von den einzelnen Kindern gezeigt und herumgereicht werden. Wenn wir zudem deutlich artikuliert und nicht ganz so schnell wie gewöhnlich im Alltag mit den Kindern sprechen, dann hilft das insbesondere auch den Kindern, welche die deutsche Sprache unzureichend beherrschen, das Gesagte wesentlich leichter zu verstehen und zu verarbeiten!

Und wir Erwachsenen sollten den Kindern in jeder Hinsicht ein sprachliches Vorbild sein.

Bücher zum Weiterlesen und nützliche Adressen

Brügge, Walburga & Mohs, Katharina: Arbeitsheft zur Therapie der Sprachentwicklungsverzögerung, Ernst Reinhardt, München 2001

Fendrich, Bärbel: Sprachauffälligkeiten im Vorschulalter, Kinder mit Sprach- und Sprechstörungen und Möglichkeiten ihrer pädagogischen Therapie, Juventa, Weinheim 2000

Ferrari, Renate: Wörter haben bunte Flügel, Mit Fantasie in die Welt der Sprache, Christophorus, Freiburg 1998

Hasselmann, Martina: Damit ich besser sprechen kann, Wie Eltern Kinder fördern können, Christophorus, Freiburg 1998

Jahn, Tanja: Phonologische Störungen bei Kindern, Diagnostik und Didaktik, Thieme, Stuttgart 2001

Neumann, Simone: Ganzheitliche Sprachförderung, Ein Praxisbuch für Kindergarten, Schule und Frühförderung, Beltz, Weinheim 2001

Roß, Gabriele: So lernen Kinder richtig sprechen, Ratgeber für Eltern mit großem Praxisteil, Pattloch, Augsburg 2000

Sandrieser, Patricia & Schneider, Peter: Stottern im Kindesalter, Thieme, Stuttgart 2001

Struck, Veronika & Mols, Doris: Atem-Spiele, Anregungen für die Sprach- und Stimmtherapie mit Kindern, Verlag Modernes Lernen, Dortmund 2002

Ulich, Michaela & Oberhuemer, Pamela & Soltendieck, Monika: Die Welt trifft sich im Kindergarten, Interkulturelle Arbeit und Sprachförderung in Kindertagesstätten, Beltz, Weinheim 2001

von Schwerin, Adelheid: Sprache haben – sprechen können, Herder, Freiburg 2001

Werner, Kurt: Wie Kinder leichter sprechen lernen, Reime, Spiele, Übungen und nützliche Infos, Herder, Freiburg 2000

Deutscher Bundesverband für Logopädie e.V.
Augustinusstr. 11 a
50226 Frechen
Tel. 02234/691153

Deutsche Gesellschaft für Sprachheilpädagogik
Goldammerstr. 34
12351 Berlin

Bundesvereinigung Stotterer-Selbsthilfe e.V.
Gereonswall 112
50670 Köln
Tel. 0221/1391106

Arbeits- und Forschungsgemeinschaft für Atempflege
Verband der Atempädagogen
Wartburgstr. 41
10823 Berlin
Tel. 030/3953860

Rehabilitationsklinik für Stimm-, Sprach-
und Sprechstörung
Stimmheilzentrum
Salinenstr. 26
74906 Bad Rappenau
Tel. 07264/82602

Mannheimer Leseschule
Mitinitiator Hanspeter Orth/Schulleiter
von der Wallstadt-Grundschule Mannheim
Schwerpunkt: Lese- und Rechtschreibschwäche
Hospitation in der Leseschule für Eltern und
Pädagogen nach Voranmeldung möglich
Tel. 0621/2938473

Sprachheilkindergärten und Sprachheilschulen
Staatliches Schulamt, dort erfahren Sie die Adressen in
Ihrer Nähe

Verband der Diplomierten Logopäden für Wien
Sperrgasse 8-10
A-1150 Wien
Tel. 0043-1-8929380

Schweizerische Arbeitsgemeinschaft für Logopädie
Feldeggstrasse 69
CH-8008 Zürich
Tel. 0041-1-3882690

Zudem können

- Erziehungsberatungsstellen
- Psychologische Beratungsstellen
- Logopäden/Sprachheilpädagogen/
  Sprachtherapeuten
- Krankenkassen und Gesundheitsämter
- HNO-Ärzte etc.

weiterhelfen. Anschriften und Rufnummern sind in der
Regel im Fernsprechbuch und Branchenverzeichnis zu
finden sowie bei der Telefonauskunft zu erfragen!

Andrea Erkert (*1967) ist Erzieherin, Entspannungspädagogin und zurzeit in einer Grundschulförderklasse in der Nähe von Stuttgart tätig. Außerdem ist sie Fachbuchautorin und Dozentin im In- und Ausland.

Kontaktadresse:
Andrea Erkert
Seelacher Weg 79
71522 Backnang
Tel.   07191/908357
oder   0162/7343792

© 2003 Christophorus-Verlag GmbH
Freiburg im Breisgau
www.christophorus-verlag.de

2. Auflage 2003
Alle Rechte vorbehalten
Printed in Germany

ISBN 3-419-53046-3

Jede gewerbliche Nutzung der Texte, Abbildungen und Illustrationen ist nur mit Genehmigung der Urheber und des Verlages gestattet. Bei Anwendung im Unterricht und in Kursen ist auf dieses Buch hinzuweisen.

Lektorat: Anima Kröger

Illustrationen: Klaus Puth
                www.gansinternett.de

Coverfoto: Miguel Perez

Fotos:
Ursula Markus: Seiten 10, 34, 46
Ulrich Niehoff: Seite 40
Miquel Perez: Seiten 16, 22, 28
Heidi Velten: Seite 9

Umschlaggestaltung: Network!, München
Layout & Satz: Uwe Stohrer Werbung, Freiburg
Herstellung: Himmer, Augsburg 2003

Hier zeigen wir Ihnen eine Auswahl unserer beliebten und erfolgreichen Bücher – und wir haben noch viele andere im Programm. Wir informieren Sie gerne, fordern Sie einfach unser Verlagsprogramm an:

3-419-**53043**-9

3-419-**53044**-7

Bücher für Erzieherinnen, Eltern und Kinder

Bücher für Eltern und Familie

Bücher für Kinder

Bücher für Ihre Hobbys

3-419-**53028**-5

3-419-**53026**-9

Wir sind für Sie da, wenn Sie Fragen haben. Und wir interessieren uns für Ihre eigenen Ideen und Anregungen. Faxen Sie, schreiben Sie oder rufen Sie uns an.
Wir hören gerne von Ihnen!

Ihr Christophorus-Verlag

3-419-**53030**-7

3-419-**53616**-X

CHRISTOPHORUS

Hermann-Herder-Straße 4
79104 Freiburg i. Breisgau
www.christophorus-verlag.de
Telefon: 0761 / 2717 - 268 oder
Fax: 0761 / 2717 - 352